PSICOLOGIA ABERTA

Título original
Psicología abierta

Copyright © 1976 by Österreichische Kulturgemeinschaft, S.A.,
Viena, Áustria

Capa & diagramação
Gabriela Haeitmann

Dados Internacionais de Catalogação na Publicação (CIP)

Torelló, Johannes B. Torelló
Psicologia aberta / Johaness B. Torelló – 2ª ed. –; tradução e notas de Alípio Maia de Castro – São Paulo: Quadrante Editora, 2023.

ISBN: 978-85-7465-428-7

1. Catequese - Igreja Católica 2. Espiritualidade 3. Liberdade - Aspectos religiosos - Cristianismo 4. Pensamento religioso I. Título

CDD–261.72

Índices para catálogo sistemático:
Liberdade : Cristianismo 261.72

Todos os direitos reservados a
QUADRANTE EDITORA
Rua Bernardo da Veiga, 47 - Tel.: 3873-2270
CEP 01252-020 - São Paulo - SP
www.quadrante.com.br / atendimento@quadrante.com.br

Johannes B. Torelló

PSICOLOGIA ABERTA

QUADRANTE

SUMÁRIO

PRÓLOGO	7
RISO DE NATAL	11
PACIÊNCIA	17
CONFIANÇA	23
O CORPO	31
MEDO DOS FILHOS	39
LABORIOSIDADE	49
PERSEVERANÇA OU FIDELIDADE	57
SINCERIDADE	65
MEDIOCRIDADE	73
BENEFICÊNCIA	81
GRATIDÃO	87
SERVIR	95
CANSAÇO	103
O ÊXITO	113

A DANÇA	119
SIMPLICIDADE	129
DECISÃO	135
VALENTIA	143
A ALEGRIA	151

PRÓLOGO

O nosso tempo é de meia estação somente, vereda entre dois cumes de eternidade, corda tensa entre as duas mãos de Deus. Daí que os costureiros especializados sempre nos desapontem com os seus modelos: uns, estreitos demais, asfixiam-nos, entorpecem-nos o passo; outros, folgados demais, deixam-nos a tiritar de frio nas alturas vertiginosas do ser pessoal. Não há psicologia que nos assista, nem sociologia que nos valha, nem medicina que nos robusteça, se não se abrirem ao manancial transcendente que nos habita.

Os modelos de meia-estação cujo desfile apresentamos não logram esconder a sua ascendência atravessada, o seu nascimento prematuro, a sua inspiração múltipla, as suas franjas mal recortadas. Não têm uma filiação clara, porque gostariam de ser para todas as horas do dia, para todos os viandantes apaixonados e sonhadores, a um tempo soltos e ajustados a um corpo em contínuo desequilíbrio estimulante. Não dão paz, mas gostariam de dar serenidade; não permitem andaduras frívolas, mas deveriam endossar-se com humor.

À procura do bem-estar, instalamo-nos em Jericó, a cidade comercial amuralhada, governada por tecnocratas que, de seu natural, são absolutamente incompetentes para dirigir homens reais, e ajoelhada ante Moloch. Mas, mal soam as trombetas do espírito, derruba-se a muralha e os ídolos se despedaçam. Todo o esforço para poupar esforços — definição orteguiana da técnica — é insignificante se não houver alguém que nos diga o que havemos de fazer com os esforços poupados. O simplismo tecnocrático não pode sossegar nem garantir um ser que se inventa, que se dilata e sempre, pascalianamente, supera-se a si mesmo.

Quem quiser ser homem verdadeiro, criatura de Deus, nunca acaba de destruir os fetiches que fabrica; os seus modelos murcham-se num abrir e fechar de olhos, se não se decidem a ser de meia-estação, para usar num espaço vital visitado e infinitamente alargado pelo filho de Deus. É por isso que tudo nos interessa e tudo nos desencanta, esgaravatamos tudo e não repousamos em nada, utilizamos todas as ciências, mas acabamos por mergulhar no mistério.

Se é legítima, embora simplista, a unilateralidade dos especialistas — biólogos, psicólogos, sociólogos, médicos —, é má a sua tendência para generalizar o que encontraram com os seus métodos de investigação, pois... "os muito sábios são fáceis de enganar" (Baltazar Gracián). A catástrofe começa quando o especialista hasteia, mais que muito seguro, o seu vitorioso "senão", o **nothing but**, o **rien que**, o **nichts als** demolidor do humano: o homem não é **senão** um símio nu, ou não é **senão** um feixe de reflexos condicionados; o amor não é **senão** um instinto mal reprimido; a consciência não é **senão** a norma social introjetada etc. Uma verdadeira paixão niilista, que conduz àquilo a que Frankl chama sub-humanismo. Mas a cerração estrutural e funcional destes modelos não pode definir um ser aberto por essência: aberto ao eu, ao mundo, aos valores e a Deus.

Cumpre abraçar, com um só olhar afetivo, o seu barro e o seu céu, o seu sistema e a sua inventiva, a sua racionalidade e a sua fantasia, a sua ciência e o seu entretenimento. Quem o tentar, talvez pereça na empresa, mas vale a pena aventurar-se, ainda que vacile o pensamento com frequência e a caneta se embote contra penhascos de treva ou resvale pela torrente dos lugares-comuns. Se os modelos valem, é quase que exclusivamente pela vitalidade de quem os veste. O leitor há de perdoar-nos se as costuras apertam algumas vezes, ou se outras cedem \ em demasia: tudo se alinhavou a seu serviço, mês a mês, sobre o joelho, nos poucos momentos de sossego de uma azáfama vivida na velha Viena, a cujo fascinante polifacetismo não pouco devem estes ensaios[1].

---

1   Publicados na revista mensal vienense *Analyse*, entre 1965 e 1969.

RISO DE NATAL

É bom aprender a rir. Rebentar de riso, sem ruído, sob o contágio daquele riso único que chega às mais remotas grutas do mundo e parte de uma Gruta.

Toda a história ri sem remédio daquele riso admirado de Sara ao dar à luz, noventa anos feitos, o filho Isaac, que quer dizer Riso: *Risum fecit mihi Dominus, et quicumque audierit corridebit mihi*, o Senhor fez-me rir e quem quer que o ouça rirá comigo (cf. Gn 21, 6).

Rir, portanto, como a velha Sara, sem dentes. Como os loucos sábios, sem objetivo. Como as crianças, sem grandes motivos. Como os mártires e as virgens, a caminho das feras, a caminho do patíbulo.

Quem não aprender a rir esquecerá o conversar, terá de fechar a loja, verá murchar os seus jardins. Porque viver não é senão arriscar... rindo. Todas as velas brancas sobre o mar, arrastando velozes os pobres batéis, são tensos sorrisos entre céu e terra, como as asas abertas dos pássaros, como os braços abertos dos amantes.

É preciso aprender a dançar sobre o trampolim da história antes de saber que raras cabriolas traçaremos no ar, para que sejam sempre belas cabriolas. Dançar sobre o gume da virtude, erguida como uma faca sobre dois abismos de erro. Dançar na chama da perfeição, em que ninguém pode jamais deter-se encantado.

Estes risos e estas danças partem da Gruta que acolhe um Deus. Que estranha maneira de se apresentar! E que divertida recepção lhe teríamos organizado! Desfiles, banquetes, discursos; discursos, banquetes, desfiles... Mas Ele escolheu esta maneira paradoxal e desconcertante, precisamente para nos ensinar a rir: *Vagit infans inter arcta conditum praesepia!*, encerrada entre apertadas manjedouras, chora uma criança. Com o seu choro de recém-nascido, atenazado pelo frio na estreiteza do presépio, ensinou-nos a rir.

O Deus da Gruta faz-nos rir dos homens de palácio.

O Deus esquecido, dos homens aclamados.

O Deus-menino nos faz rir dos homens grandes; e o Menino-Deus, dos grandes homens.

O Deus pobre nos ensina a rir dos homens ricos.

O Deus inerme, dos homens armados.

O Deus entre cem perigos faz-nos rir dos homens com seguro de vida.

O Senhor dos Senhores veio ensinar-nos o senhorio genuíno.

Certamente vai tirar-nos muitas alegrias, mas ofereceu--nos a Alegria. Que risos largos e claros tecem a trama destes vinte séculos cristãos! *Risum fecit mihi Dominus!*

Este menino veio atar-nos a Ele sem possibilidade de fuga, mas ensinou-nos a rir como nunca poderá rir nenhum dos que pomposamente se chamam homens livres. Ou rir, unidos a Ele, ou acorrentar-nos a pobres homenzinhos sérios. A sua Alegria é a nossa: parte daqueles gemidos do presépio e crava-se como uma bandeira desfraldada sobre a lomba do Calvário: *Não choreis!*

Quem subir corajosamente a este mirante da história que é a Cruz contemplará todos os homens e todos os seus minúsculos sucessos e... começará a rir interminavelmente.

Apossar-se-á dele a Alegria do próprio Deus, o próprio Riso divino: *Gaudium meum impletum in vobis*, a minha alegria, completa, em vós (cf. Jo 15, 11).

E não me digam que ofendo a alta dor humana inelutável: só quem ri compreende. Porque o riso simplifica, ao passo que o pranto esmaga as almas. Porque a alegria é um grande carminativo, que dissolve internas flatulências; e o choro oprime. O riso *é*, a tristeza *não é*. E do fundo das únicas lágrimas válidas brota sempre o único riso válido: "Bem-aventurados os que choram o choro que leva ao riso" (cf. Mt 5, 4). "Há de mesclar-se o riso à dor e o máximo gáudio funde-se com o pranto" (Pr 14, 13).

Se estamos na realidade, isto é, se somos humildes, não podemos deixar de rir: a criatura só o *é* enquanto oferecida, e rir é entregar-se. A tristeza é rebeldia, pura irrealidade, petrificação da ilusão, voluta barroca e blasfema. Choram os antigos sonhadores a inevitável desilusão dos iludidos. Riem os que escutam o ofegar dos seus próprios pulmões asmáticos e o trovão da bomba atômica nas suas mãos trementes. "Na ruína e na penúria hás de rir", como lemos no livro de Jó (5, 22); e ainda, pela pena de São Paulo: "Glorio-me na minha fraqueza" (2 Cor 12, 9-10).

"Animal que ri"? As coisas, essas, só sabem rir, porque não podem rebelar-se. "Brilharam em suas estâncias as estrelas e alegraram-se; chamou por elas Deus e responderam: 'Aqui estamos!'. E deram luz com alegria Àquele que as fez" (Br 3, 34-35). Não basta, porém, o não se rebelar: só o homem pode rir deveras, deve rir, porque só ele pode saber-se fraco, querer o abandono, julgar-se feliz com a sua própria contingência. A hilaridade é uma virtude:

"Vivem de Deus todos os que lançam de si a tristeza e se vestem de hilaridade", dizia um dos primeiros mestres da espiritualidade cristã (Hermas).

Ri a castidade, porque vê a Deus. Porque, levada ao seu cume, dá à luz o próprio Deus. Porque Deus se fez carne... Agora, levanta-se o *Magnificat*: o riso da Cheia de Graça, graciosíssima Maria. O seu riso só por si nos recorda a facilidade das coisas difíceis, a graça, o dom de Deus que tudo aplaina, como uma nova natureza que torna possível a leveza no ar rarefeito de todas as subidas ao Monte Carmelo. Como o sorriso inebriante da Mãe, Mãe da graça divina, causa da nossa alegria.

Ri sobretudo o Saber, trançando jogos eternos diante de Deus. Não o saber que é meio-saber e chora a sua simplicidade (o saber é um sabor: "sabe a Deus", dizem, lambendo os lábios, os místicos chegados à treva luminosa; e riem). Os saberes produzem apenas sensaborias desesperantes.

E passa-se a vida a aprender este Saber e este Rir. Os mortos riem definitivamente. Os mortos conseguiram finalmente nascer. Mas o Riso absoluto virá ao som das trombetas apocalípticas, quando os corpos forem gloriosos: *ridebit in novissimo die*, rirão no último dia (Pr 31, 25), último, novo, único Dia! "Já não haverá morte, nem luto, nem grito, nem dor" (cf. Ap 21, 4). Haverá também, sem dúvida, o *reino* dos que choram definitivamente, constituindo o mais misterioso riso de Deus: *In interitu vestro ridebo*, rirei da vossa ruína (Pr 1, 26). A rosa de fogo do riso de Deus.

Entretanto, o ascetismo antecipa-nos a morte, e por isso também sorri: *Mori lucrum*, a morte como lucro (cf.

Fl 1, 21). Morrer de tanto rir, rir de tanto morrer. A ascética é todo um puro riso: é rir-se dos que têm sempre pressa, dos que acreditam na sua vontade de ferro ou na agudeza das suas luzes ou na eficácia da suas próprias obras: "Vãs obras são, dignas de riso", gritava Jeremias (10, 15); é rir-se dos que medem as virtudes com o dinamômetro, dos que pronunciam discursos convincentes, dos que incessantemente descobrem livros, autores e métodos infalíveis; é rir-se da própria máscara, rir dos talentos naturais e dos talentos de ouro, rir mansamente, quedamente — *vir sapiens vix tacite ridebit*, o homem sábio sorri discretamente (Ecl 21, 23) —, dos que desdenham a mansidão que leva a possuir a terra, a difícil mansidão, sombra da humildade, fonte de todo riso. Rir-me de mim, de ti, dele, de nós, de vós, deles, num *crescendo* sinfônico que arraste todas as ciências, todas as confianças, todos os amorios, até chegar ao Riso da Fé, da Esperança e do Amor.

Riem-se todos os santos, que nunca foram "pessoas sérias": os Apóstolos, evangelizando, isto é, levando mensagens alegres; os mártires, oferecendo ao verdugo as suas duras grilhetas; Tomás de Kempis, Tomás de Aquino e Tomás More, Francisco de Assis e Francisco de Sales, a madre Teresa e a filha Teresinha, João Batista, antes de nascer; Joana d'Arc, subindo à fogueira; João, o de Ars, fazendo espernear o próprio demônio; Joana Francisca de Chantal, saltando por cima do filho deitado na soleira da porta da sua casa; João Bosco, o prestidigitador, dizendo divinas facécias ao carrancudo e pedante Cavour... João + Graça + Riso... O Riso de todos os séculos cristãos a convidar-nos ao estremecimento daquele riso único das palhas de Belém:

> *Um cravo desprendeu-se hoje*
> *do seio da Aurora bela.*
> *Que de glória sente a palha*
> *por ter vindo a cair nela!*
>
> Luis de Góngora

O Riso da carne, assumida pelo próprio Deus. Se um dia sem dia disse Deus: "É teu o homem", hoje — Natal — o homem diz, deslumbrado: "Deus é teu". Rir é o que nos resta: *Fiat! Fiat!* — faça-se —, felizes nas mãos dEle.

PACIÊNCIA

Nos umbrais do Ano Novo, já nada nos pode valer: nem a nostalgia do passado, nem o interesse pelo porvir. Só a aceitação da realidade pessoal significa viver no tempo, pois o homem é um ser temporal; e, segundo a Revelação cristã, apenas depois da morte, ganhando um corpo misteriosamente espiritualizado, chegará a ser intemporal e imperecível. Enquanto não despontar esse dia decisivo, só somos o que devemos ser se aprendemos a viver no tempo, isto é, se somos pacientes.

Para o homem paciente, o tempo não é nenhum inimigo, ainda que a muitos amedronte. Se o deixamos transcorrer pacientemente, cedo ou tarde o tempo nos traz tão somente coisas boas. É preciso amar o tempo com todas as suas lentidões, com as suas mudanças repentinas, sem o apressar, nem envenenar, nem chorar, nem temer, nem queimar, nem matar.

Viver no tempo significa engrenar no ritmo de Deus, *que move o Sol e as estrelas*, e aprender assim a saborear a novidade e o frescor de cada instante fugidio. Só a paciência nos descobre o gosto do momento fugidio, pois só ela ama a verdade do tempo e confiadamente nele se aconchega. *Tout vient à point à qui peut attendre*, tudo chega a tempo para quem sabe esperar, dizia Rabelais.

O tempo molda-nos, faz-nos únicos, torna-nos pessoas. Cada um de nós é, no berço, um ramalhete de potencialidades inéditas, uma multidão incalculável de seres possíveis; no leito de morte, em contrapartida, jaz um homem singular, irrevogavelmente esculpido até à última minúcia, inconfundível e insubstituível, um exemplar único plasmado pelo tempo.

A minha fisionomia específica é uma obra do tempo, pois só no tempo me vejo obrigado a escolher, a tomar decisões, a reagir, a adaptar-me a circunstâncias, pessoas e acontecimentos, sempre na corrente de uma única vaga, que arrasta para a frente a minha evolução vital, nunca retilínea, nunca segundo esboços criados por mim exclusivamente.

O tempo convida-me, dia após dia, a uma contínua disponibilidade, faz de mim o que realmente sou: um ser *in fieri* — que se está fazendo —, uma criatura que espera e amadurece humilde e pacientemente. "O tempo é o anjo do homem", insinua Schiller com precisão.

E não se trata de passividade alguma, embora haja quem veja uma desonra nesta atitude existencial paciente, por confundi-la com um recuo improdutivo ou com uma rendição de armas desalentada; foi o que fizeram alguns filósofos da antiguidade grega e não poucos contemporâneos, ébrios de ativismo desaforado. A paciência exige máxima concentração de vida, vigilância estimulante, infatigável.

O amor verdadeiro floresce pouco a pouco, tem necessidade de tempo, de orvalhos, de lágrimas e risos cotidianos, de horas escuras vividas em comum, de sucessivas revelações mútuas de fraquezas, de perdões outorgados repetidas vezes. A desilusão deita a perder muitos casais por impaciência, por desfalecimento na incursão pelas profundidades da riqueza vital do outro.

O nosso coração é lento, tal como a nossa inteligência: precisamos de tempo para sair da infância, para nos despojarmos sem violência dos primitivos invólucros egocêntricos e atingir a maturidade adulta, capaz de arrostar a realidade da vida.

Nós, os homens, temos pressa; Deus desconhece-a. No Antigo Testamento, Ele se revela como o "Paciente" por excelência, perante a tumultuosa e tornadiça atitude do seu povo. E o homem aprende com Ele a paciência: "Tu és a minha paciência!". Uma paciência que não é adorno da alma, nem apenas virtude requerida em determinadas circunstâncias adversas, mas sim uma atitude tão essencial que ser justo e fiel equivale, na Sagrada Escritura, a ser simplesmente paciente.

Cristo, o perfeito Deus e perfeito homem, é a paciência da vida divina, transcendente e altíssima, descida ao raso humano, transportada milagrosamente para o âmbito limitado da existência temporal: a eterna Palavra de Deus, que se cala trinta anos em Nazaré; que depois, sem pressa, aos punhados, será semeada na terra; e que, em parte, bicarão os pássaros do céu, em parte sufocarão os espinhos e somente em parte, bem pequena, chegará pacientemente a arraigar e a dar fruto.

A verdade não é qualquer coisa de puramente intelectual, que se pode assimilar de uma vez para sempre, como um teorema de matemática. É preciso *compreendê-la*, é claro que o melhor possível; mas, sobretudo, cumpre *vivê-la* no tempo, amassá-la na corrente viva da experiência, amiúde dolorosa, e só assim, ao longo de repetidas aventuras de fidelidade e infidelidade, de angústia e de abandono, se torna carne da nossa carne.

Mas nós temos pressa e comportamo-nos como crianças caprichosas que querem tudo "já", como que por artifícios e artimanhas: sinal de imaturidade da mente e do coração, de ingenuidade ainda emaranhada no mundo mágico. Não basta cobiçar o verdadeiro e o bom para logo nos virem às mãos, como um "merecido" dom do céu. "É pela vossa constância que alcançareis a vossa salvação" (Lc 21, 19), isto é, por meio de uma animosa e sã capacidade de esperar e aguentar, de suportar contrariedades, de dar um passo e outro, de nos levantarmos do chão repetidas vezes, de tomarmos alento mil e mil vezes, sem rebeldias e sem espaventos barrocos.

Por meio da paciência enfrentamos o cinzento, o insípido e monótono da nossa existência, abraçamos sem dramatismo a sua trama mais verdadeira. Nenhuma profissão é todos os dias empolgante, interessante e atraente. Quem não teve ilusões, quem não sonhou grandes empresas e importantíssimas tarefas?

O estudante de medicina, que imaginou curas brilhantes de casos raríssimos, ao formar-se médico terá de tratar de gripes e dores de barriga simplórias.

O jovem advogado, que nas asas da fantasia se via pronunciando discursos inflamados no fórum, asfixia, na realidade, debaixo de montanhas de papéis sem vida.

O seminarista, que se embriagou durante anos sonhando conversões de grandes pecadores, em sendo sacerdote, ouvirá quase que exclusivamente os quatro ou cinco surrados pecados dos seus medíocres fiéis.

O comerciante terá de fazer mil pequenos negócios sem importância antes de que se lhe depare a "grande ocasião" tão suspirada... se é que alguma vez se lhe depara.

A dona de casa põe a mesa três ou quatro vezes por dia, para voltar a tirá-la outras tantas, momentos mais tarde.

O contador, amarrado ao seu livro-razão; o operário, à sua máquina; o pesquisador, ao seu microscópio; o varredor, à sua vassoura...

O tempo pede-nos paciência, húmus da paz, maturidade do amor, purificação do egocentrismo, energia discreta que luta infatigavelmente contra a tibieza e a sonolência do espírito sem se empanturrar de titanismos voluntaristas.

Precisamos de paciência para conosco, para com os outros e até para com Deus. Precisamos, em suma, aceitar a nossa condição temporal: elementar bom senso e amor à própria vocação. Ter paciência com os outros quer dizer dar-lhes tempo para falar, para aprender, para experimentar, para crescer, para restituir... Pedir compreensão e até perdão pelo passado e confiança no porvir é algo que, com frequência e exatamente, se exprime dizendo: *Tem paciência comigo*, como o servo do Evangelho (cf. Mt 18, 21-35). Por esta razão, é a paciência a virtude fundamental de todos os educadores.

À paciência consigo mesmo, à capacidade de esperar, chamou-lhe Santo Agostinho a "paciência dos pobres": "a paciência dos que creem e ainda não veem, dos que esperam e ainda não possuem, dos que suspiram e ainda não reinam, dos esfomeados e sedentos ainda não saciados: esta paciência dos pobres não sofrerá desengano". O mal é quase unicamente impaciência; e o bem, dada a estrutura da nossa existência, é quase unicamente paciência: trabalhar sorrindo e transpirando, subindo degrau por degrau, sem aflições nem afogadilhos, a longa, estreita e empinada escada da vida, até o patamar a que fomos destinados.

A cultura ocidental fez do homem um ser desassossegado, mandão e intrometido; e à mulher, tendo-a mais retirada, permitiu-lhe, sem o querer, acumular riquezas de paciência. Talvez neste sentido se consigam compreender as misteriosas palavras de Santa Catarina de Sena: "A paciência vence sempre, nunca será derrotada e permanece sempre mulher".

CONFIANÇA

Mal se pronuncia ou se escreve uma palavra, reina logo a confiança: confiança na capacidade que o homem tem de entender e comunicar algo cheio de sentido, a realidade. Confiança em que não articulamos palavras ocas, privadas de conteúdo, sem relação com a vida. Confiança em que podemos escapar à prisão do puro pensamento pensado, porquanto não tomamos contato com a realidade do mundo apenas através da razão, mas também pelos nossos "atos emocionais", mediante a experiência e o sofrimento, a curiosidade e o desejo, a vontade e a ação. Confiar é estar aberto ao mundo.

A confiança é a afirmação da realidade, declaração da solidez do nosso mundo, que não constitui aparência, mas aparecimento multiforme na roda clara da nossa abertura vital.

Os astutos e os pessimistas inveterados põem por toda a parte saídas de emergência, campainhas de alarme e alçapões mais ou menos camuflados, porque suspeitam de tudo e tudo envenenam. Mas as "experiências infelizes" em que dizem fundamentar a sua desconfiança ou são generalizações derrotistas dos seus infortúnios pessoais, ou só o são para os seus "óculos escuros": veem tudo preto.

Só o ingênuo, embora revestido de sobriedade arrogante, não percebe cambiantes na realidade vivida, não nota os claros-escuros que se estendem entre o preto e o branco: absolutiza tudo sem fazer distinções. As "pessoas experimentadas", os céticos de todas as castas, os que por sistema são receosos, caracterizam-se infalivelmente pela sua impaciente credulidade.

Os "óculos escuros" neuróticos com os quais esses desequilibrados tentam distanciar-se do mundo, para verem sem ser vistos, impedem a visão exata da realidade, com todas as suas sombras e claridades (sombras e claridades que atestam igualmente a presença indiscutível da luz solar). Por este motivo, os óculos escuros constituem amiúde um sintoma revelador da cerração melancólica de muitas pessoas amáveis "por precaução".

A desconfiança é quase sempre uma atitude prévia, cujas raízes se embebem numa infância pobre de espontaneidade. O pessimista faz sempre "experiências negativas", não porque o mundo seja mau ou porque ele tenha pouca sorte, mas precisamente porque é pessimista e tudo estraga com a sua desconfiança.

A confiança é o clima imprescindível para o desenvolvimento do ser. A criança, como tem "antenas de longo alcance" (R. Spitz), muito antes de aprender a manusear a sonda da razão já percebe perfeitamente não apenas o "calor do ninho", o amor e a acolhida que seu o ambiente lhe dispensa, mas também — e sobretudo — a confiança que a envolve.

Se em torno do recém-nascido pairar, mais do que a confiança, a ansiedade, o medo ou o desamor, a criança não lograrã desenvolver-se correta e harmoniosamente: o pequeno ser humano se retrai, encolhe-se física e espiritualmente, chega até a morrer, porque não há nenhuma espécie de cuidados materiais capaz de substituir a formidável força estimulante da confiança. É necessário experimentarmos, desde o início da nossa existência, a confiança na vida e no mundo, através da confiança no homem, da confiança dada e recebida.

Ter confiança no homem significa sair ao encontro da realidade do outro. Aquele em quem deposito a minha confiança, julgando-o capaz de tudo o que é bom e belo, torna-se realmente digno dela e realmente capaz de tudo o que é bom e belo. A confiança é uma força criadora de primeira plana, idônea para converter o ser a quem se dedica num ser efetivamente digno de crédito, pois torna-o responsável (N. Hartmann).

A confiança pode transformar uma pessoa, pode criá-la de novo. Constitui a premissa indispensável de qualquer diálogo. Só por meio da confiança me é revelado o *outro* como *tu*, pois só ela desperta a sua capacidade de resposta. Sem a confiança, o outro afunda-se na lonjura de um *ele* fechado e solitário, ou até no anonimato do *isto* e *aquilo*, de uma coisa sem valor.

Mas também eu, em virtude do arriscado dom da minha confiança nos outros, me converto num verdadeiro *eu* humano e vivo, porque o homem não é um mero e isolado existente, mas um "ser dialogante", como dizia Martin Buber; ou, na célebre expressão de Ludwig Binswanger, um ser-com-o-outro: *Dasein ist Mit-sein!*, existir é coexistir.

Dizer *tu* é pôr o outro no espaço criador da liberdade, da possibilidade de expansão, da comunidade de fé e de trabalho. As relações humanas de ordem puramente técnico-profissional anulam a liberdade e a vitalidade do *tu* autêntico: o "isto" e "aquilo" é o sujeito da técnica, afirma Gabriel Marcel; daí, talvez, o fato de a nossa época da técnica e do cientificismo ser tão despojada de confiança, tão indigente quanto a verdadeiros contatos inter-humanos, assomando por toda a parte a angústia, anônima e ameaçadora.

Dizer *tu* pressupõe certa fidelidade antecipada, uma disposição extremamente elástica, uma inclinação para o dom de si e o vínculo da amizade. Esta disposição transforma as circunstâncias em oportunidades e até em graças. Só a confiança atinge e desvela a identidade do *tu*, e... aí está já o amor, o amor que não lesa intimidades, nem descai em familiaridades sem tato nem pudor.

A confiança que os políticos põem no povo deveria ser, portanto, amor que protege: além de garantir a liberdade, a fomenta de dia para dia; que estimula o amadurecimento do senso comunitário e sabe prescindir de "medidas paternalistas", com as quais se mantém uma grande família — já convertida em massa — num estado de puerilidade irresponsável, numa paz que é letargia.

Ter confiança no homem é afirmar a sua totalidade, não apenas uma ou outra das suas capacidades ou dimensões, como a laboriosidade, os conhecimentos técnicos, a honestidade ou o pundonor. Toda a parcialidade — venha donde vier: do materialismo, do moralismo ou do "purismo espiritualista", pouco importa — é trivial; e toda a confiança "parcial" ou "unilateral" é a negação da confiança verdadeira, que ou é total ou não é confiança.

O amor humano exige este tipo de confiança sem fronteiras: não se ama na pessoa amada uma série de boas qualidades, mas sim a sua pessoa, sem mais. Se uma pessoa se confia a outra, é sem reservas, aceitando o risco do vínculo definitivo. O amor, como a própria confiança, é um lance de audácia: nem aquele nem esta são possíveis senão como doação de um ser a outro que permanecerá sempre fundamentalmente imperscrutável e autônomo. O encontro com o *tu* verdadeiro e maduro nunca é compatível com aquele sentimento de segurança matemática que as coisas oferecem. Quem pretender precaver-se contra todos os riscos e imprevistos excluir-se-á do jogo da vida e do amor. "O que quiser salvar a sua vida, irá perdê-la" (Mc 8, 35).

Todos somos diferentes uns dos outros, mas quase não há ninguém em condições de uma inferioridade tão aviltante que desanime qualquer tentativa de diálogo e de amor. Todavia, no dizer dos sociólogos, as situações de igualdade insuficientemente atingidas e a impotência para superá-las, produzida pela rigidez de determinadas estruturas sociais, são o que acumula no seio do homem atual a perigosa dinamite do ressentimento, sempre pronto a explodir. Os sentimentos de inferioridade e a inveja, sobretudo quando se levantam das profundezas fatalistas do "destino cruel", geram uma inquietação crescente e uma visão do mundo tenazmente desconfiada.

A pieguice retraída e um tanto puritana de certas solteironas, a crítica demolidora e sistemática de uma geração contra a precedente, a romântica fuga para os "bons tempos passados", o ódio racial, o antilegalismo dos indisciplinados, o rancor de classes e até certas formas de compaixão que não passam de ressentimento sublimado em vez de autêntico amor ao próximo — constituem manifestações da ausência de confiança de um mundo egocentricamente estruturado. "O amor não julga nada nem ninguém", porque o juízo converte o *tu* num *ele* afastadíssimo (G. Marcel).

Mas o risco amoroso não deve ser confundido com violência e tensão. Como todas as virtudes genuínas, confiança significa sobretudo distensão, harmonia em e com o ritmo do mundo: não é um caminho de alta tensão, como aquele que, com excessiva frequência, representa o ideal do nosso século (*quel siècle à mains* — que século temos nas mãos —, exclamava já Rimbaud), ideal de "recordes" americanos e "stakhanovismos"[1] russos, ideal de sistema competitivo febricitante e frenético, de desportistas arrebatados e de alguns cristãos raivosamente *engagés*; é, sim, um caminho de serenidade do espírito que leva à comunhão com as coisas, com os homens e com Deus.

Amantes, poetas e místicos de todos os tempos têm vivido e encarnado a confiança no homem e no mundo, remansada numa luz de eternidade. Bergengruen diz:

> Protege-te docemente a antiquíssima concha.
> Sê pois umbela e pássaro e menino.
> Dorme em sossego, que te arrulha Deus.

---

[1] De Stakhanov, mineiro soviético dos começos do século, célebre pelo recorde de extração de carvão que estabeleceu e pelo método de produtividade que consagrou o seu nome.

E Gertrud von Le Fort:

> *Não é a dor mais que amor:*
> *espera um pouco tão somente,*
> *que o poderás comprovar.*

Bernanos, pela boca do seu famoso pároco de aldeia, exalando o último suspiro, exclamou:

> *Tudo é graça!*

E, enfim, São Paulo resume:

> *O amor tudo suporta,*
> *tudo crê,*
> *tudo espera,*
> *tudo vence*
>
> (cf. 1 Cor 13, 4-7).

O CORPO

A chamada "onda sexual" que, com todas as suas exibições do corpo humano, exaspera a nossa vida cotidiana, pode dar a impressão de vivermos numa época em que se cultua o corpo. No entanto, ressoa ainda no ar o grito angustiado de Camus: "Salvem os corpos!". Efetivamente, talvez nunca o corpo humano tenha sido tão maltratado como em nosso tempo: a crueldade sem limites dos campos de concentração, com as suas "pesquisas científicas *in vivo*" e a utilização industrial dos restos orgânicos dos prisioneiros assassinados; os homicídios em massa dos ataques aéreos; as deportações políticas de povos inteiros; os delitos sexuais mais execrandos e a degradante publicidade de toda a espécie de produtos de consumo, baseada na exploração dos atrativos corporais — são prova fidedigna disso.

E, embora uma multidão de contemporâneos nossos se preocupe neuroticamente com a saúde, desprezam a dignidade e o valor do corpo: saciam as suas exigências com prazeres mesquinhos e eliminam as suas dolências com calmantes e drogas que a indústria põe ao alcance de qualquer mão. De duas uma: ou se submetem ao corpo, afundando-se na luxúria mais grosseira, ou o consideram inimigo e odioso na hora da dor.

A relação do homem com o seu próprio corpo foi-se pouco a pouco desumanizando, e a fúria planificadora da nossa época parece dar razão à *boutade* de Paul Valéry: "Dir-

-se-ia que a inteligência é a faculdade da alma que é menos capaz de compreender o corpo". Sexólogos e sociólogos de todas as ideologias denunciam a insuficiência erótica de um tempo precisamente inundado de sexo. A demolição da hipocrisia empoeirada da moral vitoriana, apesar dos seus clamores libertários, não nos trouxe a compreensão nem a adequada valoração da nossa dimensão corporal.

Passada a embriaguez racionalista dos grandes idealistas do século XIX, psicólogos, filósofos e teólogos consagraram ao corpo humano uma nova e mais profunda atenção. E ninguém se surpreenda com isso, pois, ainda no século XIV os médicos estudavam apenas a anatomia animal: a *anatomia porci* — anatomia do porco — proporcionava aos brilhantes "galenos" da época a base dos seus conhecimentos sobre a estrutura e as funções do corpo humano.

Mais tarde, com o nascimento do método científico-natural e com a introdução da autópsia, na Universidade papal de Bolonha, deu-se a revelação revolucionária da nossa organização anatômica. Estes precedentes explicam a difusão de uma concepção do corpo humano que o reduzia a um objeto, a uma coisa. Só nos primeiros decênios do nosso século é que os médicos começaram a captar a realidade do corpo vivo: "vívido", e não mera estrutura mecânica portadora de vida.

O corpo não é objeto, nem uma coisa, nem uma máquina. É também "essencialmente diferente de um organismo animal" (Heidegger). O corpo também não é qualquer coisa que uma pessoa "tem". O homem *é* corpo, como *é* espírito. A corporalidade pertence à essência do ser humano: *esta-*

mos aí (temos *Da-sein*[1]) em virtude do nosso corpo, assim como em virtude do nosso corpo tocamos o mundo e o mundo nos toca. É graças à minha corporalidade que sou quem sou, que me posso exprimir e atualizar, que posso fazer o bem e o mal.

Quando um dia o protagonista de um famoso romance de Stevenson notou na pele uma mancha de lepra, verificou-se na sua existência e no seu mundo uma mudança repentina e radical, não à maneira de quem descobre um estrago na roupa ou na carroceria do automóvel; aquele "sinal" quase invisível transfigurou-lhe subitamente a vida inteira: o centro da sua existência humana sentiu-se profundamente afetado e, de repente, já não se lhe dava nada da sua riqueza, nem da sua profissão, nem do seu poder, nem do seu amor a uma mulher bonita... Era *outro* homem, e o seu mundo habitual pareceu-lhe subitamente estranho, frio e mudo.

"O ponto de vista a partir do qual contemplo o mundo é o meu corpo" (Revers). Este meu existir-no-corpo é a forma primordial do meu estar-no-mundo. O corpo é a minha colocação na vida, está intimamente relacionado com o mundo, assim como os olhos com a luz solar. "Estar num lugar chama-se corpo" (J. P. Sartre). O corpo é uma "situação" (Merleau Ponty), pertence à "relação ex-tática do ex-sistente com o seu mundo" (Boss); e isto quer dizer que o corpo não é, nem a minha pura "mesmidade", nem uma neutra vestidura da alma.

---

1 *Da* significa aí; *sein*, ser ou estar. É o termo algum tanto equívoco de que se serve o filósofo existencialista Heidegger, para mencionar o fato de se ser alguém, tal indivíduo ou tal pessoa, o que pertence ao existente singular e concreto.

A mulher que contempla o rosto no espelho exclama quase sempre: "Eu *sou* bonita", e não: "Eu *tenho* um belo rosto". Com efeito, falamos do corpo como se *corpo* e *eu* fossem idênticos. Quando uma mãe acaricia o filho, não toca a materialidade estrita do ser querido; o que faz é acariciar a própria criança, isto é, *realiza* — torna real — um contato entre dois seres humanos, a comunhão de duas pessoas.

Por este mesmo motivo, as "experiências sexuais" fora do âmbito do amor interpessoal não são "experiências humanas", e deixam os que as realizam não só totalmente "inexperientes", mas também carregados de falsas imagens e de verdadeiras aberrações a respeito do amor, a respeito do sentimento, do sexo e da realidade corporal.

A única realidade humana que há é a da inseparável unidade de corpo e espírito: qualquer outra interpretação dessa realidade redunda em pura ilusão. "Separada do espírito, a carne corrompe-se; mas o espírito desterrado da carne estiola-se como flor cortada e converte-se em fantasma" (G. Thibon). Tomás de Aquino, teólogo e místico, exprimiu-o mais drasticamente, se assim se pode dizer: "A alma nasce para existir na matéria"; "a alma unida ao corpo é mais perfeita do que separada dele" e ainda "mais parecida com Deus, embora Deus seja absolutamente simples e imaterial".

Aqui se vê claramente o quanto a teologia clássica andava longe daquele espiritualismo ingênuo e simplista, que mais ou menos conscientemente se enraíza no maniqueísmo oriental, desprezador do corpo, e, por despenhadeiros inçados de escrúpulos, acaba aproximando-se do rigorismo de cunho jansenista.

Uma espiritualidade cristã autêntica, isto é, apoiada na Encarnação, integra harmonicamente todas as dimensões do ser humano, porque este, na sua integridade, foi criado à imagem e semelhança de Deus e destinado à glória eterna. "Em nenhum lugar da Sagrada Escritura se fala do corpo como de algo *inferior* às zonas *superiores* do espírito, ou como ponto de particular resistência ao Espírito de Deus e, portanto, como algo que cumpra mortificar ou renegar de modo especial, isto é, mais ou de modo diferente do que o espírito o necessita" (O. Karrer). Amar-se a si mesmo quer dizer amar o corpo e a alma, este corpo e esta alma que constituem o meu eu. O corpo é caminho que leva tanto ao pecado como à virtude. "Se o regalamos demais, alimentamos um inimigo; se lhe damos de menos ou não o respeitamos devidamente, perdemos um amigo" (São Gregório Magno). É preciso restituir ao corpo dignidade e amor, desejar-lhe e proporcionar-lhe, como dizia Santo Agostinho, incorruptibilidade, leveza, disponibilidade, de maneira que nos tornemos realmente responsáveis pela sua funcionalidade e — por que não? — pela sua beleza.

A castidade, hoje tão insultada pelas massas que o erotismo viciou, é uma forma de amor ao corpo: a castidade quer o corpo ágil, limpo, sereno; e saboreia já a liberdade do seu destino imortal. Por outro lado, nenhuma virtude pode prescindir do corpo: não há amor ao próximo, por exemplo, sem olhares afetuosos, sem apertos de mão; sem ouvidos sensíveis, sem coração comovido.

O cristão vive a festa da Redenção realizada na carne que o Filho de Deus assumiu sem reparos nem reservas, com todo o peso da sua realidade existencial. Tão real é a Encarnação que ainda hoje não podemos contemplar sem pasmo o corpo de Cristo na cruz e no sepulcro de rocha: esse corpo, pura matéria despojada já da plenitude divina, pode chamar-se corpo de Deus.

A alegria pascal floresce sobre esse túmulo, que ao alvorecer ficou vazio: a Ressurreição de Jesus Cristo é a ressurreição da carne; e a Ascensão, a sua imortalização e glorificação *à direita do Pai*. Sem essa ressurreição corporal, toda a fé se tornaria vã e o cristão se converteria no mais miserável de todos os homens (cf. 1 Cor 15, 12-19).

Toda a doutrina sacramentária da Igreja e toda a liturgia se reúnem em torno do Corpo eucarístico sacrossanto e constituem aquilo que, numa carta pastoral inesquecível, o bispo Torras y Bagés denominou "o culto cristão da carne".

Tertuliano ainda não se havia abatido na heresia quando escreveu: "A carne é a coluna da salvação. O espírito pode unir-se a Deus porque está unido à carne. A ablução da carne purifica o espírito, a unção da carne consagra o espírito, a imposição das mãos sobre a carne faz com que o espírito seja iluminado pelo Espírito Santo. A carne nutre-se com o Corpo e o Espírito de Cristo, para que o espírito humano possa saciar-se de Deus". Sem essa mística, estreitamente vinculada à carnalidade dos sacramentos, o cristianismo deixa de ser autêntico.

Mas também é mister precavermo-nos contra certa "mística do corpo" que, na nossa época, levou alguns retardatários descobridores da dignidade do corpo a exaltar, não sem empolada retórica, o instinto sexual, como se este fosse o centro da personalidade e vínculo exclusivo com o mundo.

Essa concepção exorbitante de certa "metafísica do sexo" traz consigo *velis nolis*, quer queiras, quer não, um separatismo do corpo, e ameaça por outro flanco a unidade da pessoa, que se reduz a corpo, transformando--se o corpo em fetiche. O chamado *instinto* sexual só se satisfaz, ativamente, na integridade do amor interpessoal; e a virgindade e o celibato cristãos só têm sentido como realização do amor nupcial do homem à pessoa humano--divina de Cristo.

A Encarnação, no seu sentido mais estrito, constituirá sempre a pedra de toque — e de escândalo — para idealistas e materialistas, pondo em relevo o seu diverso mas igualmente incontestável afastamento da realidade.

MEDO DOS FILHOS

A gratuidade do amor matrimonial está condicionada pela assunção do risco de gerar e educar filhos. O êxtase a dois é pura fantasia romântica, pois o *nós* que o amor fundamenta não é uma ilha de felicidade no meio da História e da sociedade, mas uma abertura para o ser, uma afirmação alegre e criadora de vida humana real.

O ensimesmar-se do casal, assim como qualquer enclausurar-se individual no cascão do egocentrismo, desemboca no tédio, na asfixia, na neurose. O filho diretamente desejado, ou pelo menos generosamente aceito, quebra o círculo diabólico do instante unitivo considerado como fim em si mesmo e abre-se para a imprevisível história inerente à essência do humano (Jeannière).

O amor, se não é instrumentalizado a serviço do "momento extático", mas, pelo contrário, se insere no devir existencial, traz consigo e exige, a partir da íntima profundidade da relação, a aceitação do filho como um risco. Aqui, risco não significa a ameaça de uma aventura amorosa clandestina, nem o espantalho do prazer físico autonomizado, mas a audácia de um ato cujos efeitos não são o resultado nem do simples mecanismo biológico, nem da mera decisão voluntária.

Mesmo enquanto pura possibilidade, o filho surge como *sujeito*, não como finalidade exclusiva nem como efeito acidental da união amorosa. É sujeito e, *enquanto tal*, absolutamente imprevisível, incalculável e o único capaz, portanto, de garantir a gratuidade ilimitada, a continuidade e a irrevogabilidade do devotamento de amor.

O homem atual sente medo diante do filho, pois treme feito vara verde diante da incógnita historicidade da vida e, em especial, da vida em comum. Isto se deve ao fato de ter sido instalado, desde a infância, num sistema de segurança que transforma os sujeitos pouco a pouco em rígidos objetos, e tende a eliminar imediatamente e sem nenhuma consideração tudo o que for inesperado, jocoso e criador, concebido como obstáculo à planificada "ordem higiênica". Este tão difundido medo dos filhos enraíza-se no húmus sempre menos vital da entorpecida estrutura de um mundo massivamente tecnificado. Daí a fragilidade e a frieza do amor matrimonial em nosso tempo.

Os ingênuos trovadores do "amor extático" e os psicólogos de telenovela, embriagados de hedonismo, pretendem emancipar a comunidade amorosa, à margem da função geradora. Não percebem, no seu zelo anticonceptivo, a inseparável união dos dois riscos que caracterizam a vida humana; o risco do amor e o risco do filho. E, em cima das vigas do senso de responsabilidade a vertigem torna-se ainda mais mórbida, pois aqui vertem a sua peçonha modelos educativos avantajados, mas notavelmente açucarados.

Segundo esses modelos, o filho exigiria dos pais sacrifícios imensos e, sobretudo, inúmeros e penosíssimos cuidados, em se querendo evitar qualquer gênero de frustração — a tão decantada fonte de todas as desventuras. Em tais condições de extrema periculosidade e de uma carga quase sobre-humana de solicitudes, pode um casal, "com a mão na consciência", responsabilizar-se, quando muito, por um ou dois filhos: um número superior de descendentes levaria inexoravelmente ao esgotamento dos pais e à infelicidade da prole. São consequências que fazem tremer até a medula. Vejamos o seu fundamento.

O congresso americano de psiquiatria, celebrado em Boston no ano de 1968, documentou exaustivamente que as crianças da nossa sociedade, além de, via de regra, não sofrerem frustrações, sofrem, ao contrário, de excessiva "gratificação", termo do jargão psicológico que poderíamos traduzir por "mimo" ou "condescendência". "A nossa sociedade é, ao mesmo tempo, fautora de bem-estar e permissiva, de modo que priva as crianças, por meio de incessantes gratificações, da experiência da realidade. Das crianças não se espera trabalho e ajuda, poupam-se-lhes as fadigas diárias e tira-se-lhes a possibilidade de prestarem serviços que lhes permitiriam arrostar a concorrência e aprender a colaborar com os outros. O desenvolvimento de sua natural curiosidade, agressividade e disposição para o diálogo não se pode verificar se a criança vê satisfeitos desde sempre todos os seus desejos" (Settlage), o que, forçosa e felizmente, não é possível nas famílias numerosas.

Pode-se afirmar, sob este ponto de vista, e por mais paradoxal que pareça, que a vantagem de que gozam os filhos de família numerosa consiste precisamente no fato de não poderem ser tão bem cuidados como o é o filho único, que mais tarde, não raramente, passa a ser um rebelde ou um fraco.

A superstição científica, típica do nosso tempo (Jaspers), intoxica a vida em família, em que, entre a psicologia "pop" e a rigidez do balanço econômico, o medo ao filho cresce desmesuradamente. Por outro lado, o amor do casal, exaltado e, precisamente por isso, sempre insatisfeito, dá lugar ao aparecimento de pais — e mães, sobretudo — que consideram e cuidam a prole — mínima, exatamente calculada — como um consolo, isto é, como propriedade.

Mimo e condescendência com os filhos representam sempre mimo e condescendência para consigo, e os momentos fortes de rigor se destinam quase exclusivamente à promoção de meninos-prodígio, revelando a egocêntrica ambição dos pais. Uma paternidade generosa é, pelo contrário, sinal da profundidade e amplitude do amor e do respeito confiados ao sujeito-filho, que não é *para mim*, mas *para si*, para o mundo e para Deus.

Uma educação materna egotista gera a chamada "vinculação à mãe" (a *Mutterbindung*, dos alemães), que, por sua vez, é considerada uma das causas da atual "crise do varão" (Bednarik); é também a origem do aumento de crianças egocêntricas que, mais tarde, farão do prazer, da comodidade, da falta de comprometimento ou da consciência mais subjetiva um ídolo cruel e se negarão a ter filhos seus.

Os urbanistas, adoradores do bem-estar mais material, ignoram amiúde os filhos ou, conceituando-os como parte integrante e ineludível da sociedade de consumo, calculam-nos reduzindo-os a um mínimo "tolerável". Daí a "irrealidade" das nossas cidades. "Por que será que as crianças das nossas cidades não são tratadas como crianças, mas como bonecos ou como adultos em miniatura, rodeados de adultos infantilizados a quem as experiências citadinas anteriores viciaram de tal modo que já não sabem de que meio ambiente necessita um ser humano até aos seis e catorze anos, para não se converter mais tarde num mendigo de rendas e de pensões?" (Mitscherlich).

Nas cidades inumanamente quadriculadas pelas mais duras leis econômicas a ternura já não serve para nada; abandona-se o lar e compram-se automóveis para fugir dele. Não há espaço para as crianças! Os pais de família numerosa são heróis, ou milionários, ou doidos; não há alternativa.

Mas é precisamente a sociedade do bem-estar que, por causa da mencionada cobiça pessoal em que se funda, menos famílias numerosas conta. Aos americanos, não lhes falta vontade de prescrever anticoncepcionais ao mundo dos pobres, como condição prévia para se dignarem a ajudá-los no seu desenvolvimento; mas a venda mais abundante desses produtos verifica-se precisamente entre as famílias superalimentadas dos Estados Unidos. E como as crianças, graças aos progressos da química, já não ameaçam a estabilidade dos orçamentos familiares, podem-se vender as zonas verdes a preços mais altos, em vez de se destinarem a jardins e parques recreativos. Os poucos jardins que se salvaram estão cada vez mais silenciosos: dormitam neles massas de anciãos, e os cães — característico e histérico sucedâneo das crianças — passeiam e brincam por eles, devidamente "agarrados pela coleira"...

A imagem da mãe sofre hoje as arremetidas mais exacerbadas por parte dos que veem nela um mito, a "última vaca sagrada" da nossa cultura ocidental, ou o obstáculo fundamental à emancipação da mulher, escravizada pelo tabu do amor materno. Os filhos dificultam, na opinião

43

deles, o brilhante processo de libertação da mulher contemporânea, espiritualmente já emancipada. De fato, a educação dos filhos, isto é, o esforço para oferecer ao mundo homens sãos, retos, autônomos, ajuizados, cultos, responsáveis, dotados de senso comunitário e capazes de amar, constitui uma profissão que ocupa o dia inteiro, que exige da mulher um decidido compromisso, que não se compadece com nenhuma nostalgia de outras profissões.

Dos deveres de mãe, como de qualquer outro dever, a mulher só se sente escrava na medida em que neles não se empenha consciente e voluntariamente. O que conduz à plenitude e à satisfação não é a atividade, mas o amor que lhe votamos.

Observa com justeza W. Metzger que a vida profissional da mulher-mãe tem três fases: "A primeira, de formação para a profissão escolhida e começo do seu exercício; a segunda, de entrada na profissão de mãe; e, finalmente, em sendo já bastante crescidos os filhos, o retorno à primeira ou a entrada numa nova profissão. Esta mudança, muitas vezes difícil, por volta dos quarenta anos, é comum às mães e a outros profissionais não pouco numerosos, como os mineiros, os marinheiros, os oficiais do exército, os desportistas e os bailarinos. Mas as mães têm, em relação aos seus companheiros de adversidade, a vantagem indubitável de possuírem a preparação necessária para a sua nova fase profissional". De tudo isto deviam dar tento as mulheres que se casam, para não oferecerem depois aos filhos "sacrifício" e "angústia", em vez de dedicação livre e amorosa.

Por muito que pese aos pesquisadores do comportamento humano, obcecados com os modelos do mundo animal, não foi a estrutura oficial que declarou "obrigatório" o amor de mãe: é a própria criança que não pode prescindir dele. René Spitz, psiquiatra infantil, demonstrou irrefutavelmente que não há cuidados materiais capazes de substituir o amor materno, seja qual for o alvitre do filósofo Marcuse, mestre de especulações futurológicas.

Fala-se aqui do amor materno, verdadeiramente humano, que não é desassossego constante e desalentador, nem esfalfamento adocicado que afunda o seu "tesouro" na angústia (a *Affenliebe*, o amor simiesco de que falam os psicólogos alemães), mas a dedicação que estimula a audácia de um viver independente e generoso. As crianças que cresceram no seio de famílias numerosas mostram quase sempre vitalidade, presteza, espírito de iniciativa, energia, compreensão e abnegação, qualidades que raramente chega a desenvolver a pedagogia "científica": são gente que mete ombros à vida, esteios da comunidade.

Quem quiser salvar a sua vida irá perdê-la e negará a existência a um sem-fim de seres possíveis. Ninguém acusará essa gente mais do que prudente, que não põe em perigo a sua reputação: "são homens honrados", como diria o Marco Antônio de Shakespeare. Mastigam palavras graves: consciência, responsabilidade, sensatez que triunfa da biologia cega, contenção à bárbara explosão demográfica etc. Não querem vulgarizar a vida. São "pessoas honradas". O problema da vida foi reduzido pelos alquimistas da nova moral a uma questão de método ou, quando muito, a um *theologumenon* — princípio teológico — que já não deveria afligir ninguém. Não há dúvida: "são pessoas honradas".

Se isso fosse possível, o filho não nascido deveria congratular-se com os seus pais por eles poderem colher abundantes êxitos profissionais, por viverem confortavelmente, por terem carros, casa de campo, toda a espécie de eletrodomésticos, poupanças repletas e por poderem viajar todo ano para países estrangeiros..., e tudo pela simples razão de que ele ficou no reino do nada.

São "pessoas honradas", que mimam os poucos filhos que o orçamento familiar permitiu que aparecessem neste mundo, em que experimentam penas e alegrias de modo freneticamente egocêntrico. Só o não nascido, que não experimentará nem gozo nem pena, poderia ter libertado a enfezada família do seu egoísmo neurótico..., mas trata-se de uma família oficialmente honrada.

O sexo idolatrado e emancipado — não a inteligência, nem a vontade — festeja a sua vitória, e o "amor extático", sem "fardos" nem temores, converte-se em prazer duradouro que a si se define como "realização de si mesmo"! Afogando-se as crianças conscienciosamente evitadas no abismo do não-ser, permite-se a *dolce vita* a uns pais perfeitamente agasalhados na sua intocável "honorabilidade".

Dando de mão ao patético, que, não obstante, exprime um aspecto trágico deste tema, se o medo dos filhos continuar a aumentar e o amor do casal a espiritar-se e a mitificar-se cada vez mais, bem podemos imaginar o fim do gênero humano como uma apoteose orgíaca, os esponsais de Eros e Thanatos[1], enquanto um pequeno número de moralistas alienados continuará discutindo sutilmente o conceito de "natureza".

Esta impenetrável mas sempre significativa "natureza" há de se impor, e é de esperar que um dia se levantem homens e mulheres que queiram e consigam construir uma sociedade a serviço da vida, em que a cruz — e não o prazer furioso — seja o lugar preciso do amor, porque o pecado é uma realidade, e o Menino do nosso Natal não conhece outra vitória senão a vitória da cruz.

As canções de ninar natalinas enchem-nos de ternura o lar uma vez por ano, quando, recolhidos em torno do Menino, festejamos o Amor encarnado, puríssimo e generosíssimo, sem angústias nem temores. Só elas podem ofertar ao mundo febricitante a mansidão e a serenidade de que necessita urgentemente.

---

1   Divindades da mitologia grega, respectivamente deus do amor e deusa da morte.

LABORIOSIDADE

Na era do *homo faber*, pôs-se na moda enaltecer o trabalho, e talvez seja por este motivo que os pensadores, os poetas e os monges gozam de escassa reputação. Persegue-nos desde a infância o fantasma de La Fontaine com a sua laboriosa e antipática formiga. "É preciso trabalhar com diligência", repetiram-nos sem cessar pais e educadores.

E, com efeito, sob o signo do trabalho, nosso mundo transformou-se e melhorou sensivelmente, ao menos no que se refere às amenidades e comodidades da vida. As revoluções mais sangrentas conquistaram-nos a todos a honra de nos converterem em trabalhadores: quem ousaria hoje renunciar a título tão glorioso? Mesmo os intelectuais passaram a ser "trabalhadores da mente", embora essa fórmula astuta cheire a embuste...

Ao que parece, também a teologia se esforça por roubar-nos a fruição da contemplação pura e, perante a descoberta das chamadas "realidades terrenas", arvora há alguns decênios a bandeira do trabalho (não mais castigo de Deus), mesmo no centro da nossa existência. Isto de saber por saber foi desta para melhor. A "paixão da verdade", do velho Orígenes, já não arrebata ninguém: o que interessa é trabalhar, produzir, labutar..., ainda que se compreenda e se saiba bastante pouco. "No nosso tempo — disse Simone Weil, aquela mulher que exerceu os mais rudes ofícios para os conhecer por dentro —, um homem pode pertencer à chamada sociedade culta e não ter a menor ideia acerca do destino dos humanos".

A maior parte dos homens estuda só para trabalhar. Trabalha para comer e come para poder trabalhar: um círculo vicioso, um paraíso para "robôs". Na Suíça, há alguns anos, a maioria dos trabalhadores negaram por plebiscito o seu aval a um projeto de lei que queria fazer do sábado um feriado, pois, segundo a interpretação dos sociólogos, sentiam-se angustiados ante a ideia de terem de encarar vinte e quatro horas seguidas sem a habitual agitação profissional.

Como outros muitos céticos, Voltaire elogiou e apregoou o trabalho como meio de poupar ao homem a fadiga de pensar: "trabalhar sem pensar", fórmula mágica para tornar a vida suportável. Kant, por sua vez, tendo experimentado dolorosamente a estreiteza da razão pura, recomenda vivamente o uso da razão prática: esse otimismo moderado e fecundo liberta-nos, na opinião dele, da alienação a que o pensar fatalmente conduz.

Nessa universal república de trabalhadores de todas as classes a religião teria uma simples função consoladora, reduzir-se-ia à religião que todo o pragmatismo aceita "para alívio de tolos e de ignorantes". Goethe bem pode pregar o novo evangelho: "No princípio era a ação" (não o Verbo).

A filosofia, convertida em antídoto contra metafísicos anacrônicos e contemplativos desencarnados, deve orientar-se exclusivamente para a produção, para a atividade e a práxis. Os monges fabricarão licores e chocolate para se tornarem finalmente "úteis" à humanidade. "Mil vezes o que planta árvores e semeia campos — dirá o Turco do

Candide voltairiano — do que aquele que passa todo o santo dia a contemplar a ponta do nariz, com uma corrente ao pescoço, sentado num leito de alfinetes".

E quando, no século passado, românticos, idealistas e cristãos levantaram, no ar empeçonhado da nascente cultura industrial, o cometa vermelho do espírito, o homem positivista esgrimiu como um desafio o lema de uma das suas mais flamantes universidades: "Longe de nós a perigosa novidade de pensar".

Viktor E. Frankl ainda não tinha falado da "vontade de sentido" que perpassa toda a existência humana, quando o homem "moderno", entregue por completo ao trabalho, viu-se de repente surpreendido pelo aborrecimento, pela náusea, pela guerra e pela neurose. A profecia voltairiana não se cumpriu. A miséria só parcialmente foi eliminada: vícios e tédios permaneceram. O "homem-máquina" funcionava mal e os adoradores do trabalho não souberam distinguir entre o pão, que nutre, e a bomba atômica, que aniquila.

Em sendo simplesmente produtor, o homem não escapa a esta alternativa: ou produz sem discriminação, ou se agita sem mais nem para quê, julgando trabalhar. Com o seu humor quase macabro, Robert Musil descreve assim a febril burocracia de Kakania — a *kaiserliche und koenigliche*, a imperial e real Áustria dos começos do século —, em que fervia uma ingente multidão de funcionários que, no entanto, não concluíam quase nada: "Mesmo nos dias de festa, era preciso deixar de fazer tantas coisas que se tinha a impressão de desenvolver uma grande atividade".

Todo psiquiatra experiente sabe descobrir uma angústia profunda por trás da laboriosidade exagerada, da agressividade, do pseudo-heroísmo e da fanfarronice. São pessoas que não sabem esperar, nem escutar, pois se o fizessem sentiriam vir à tona o seu íntimo desgosto: para o evitarem, anestesiam-se com uma atividade incessante, assemelhando-se aos drogados, que procuram a evasão num produto químico. Mas os drogados são considerados doentes, ao passo que aos intoxicados pelo trabalho, aos maníacos da produção, concedem-se honrarias de toda a espécie — distinção sociológica típica da nossa cultura quanto ao que se deve considerar mórbido ou sadio.

Seja como for, há certo tempo que se notam os sintomas de uma transformação saudável: fala-se da doença dos *managers*; observa-se que mesmo atividades de sinal claramente positivo podem causar desvios da vocação humana fundamental, que se traduzem em dores e transtornos diversos. Abundam as pessoas que, julgando poder viver apenas na esfera do rendimento, não concebem que possam ser aceitas ou estimadas se não as coroa o êxito. Não chegam a compreender que alguém as possa amar pelo que são; e, com efeito, afadigam-se constantemente por "comprar" o afeto do seu próximo (K. Knoepfel).

A tensão íntima a que as submete este regime de vida "sacrificado" e convulso, que tudo imola ao trabalho, que não conhece outro ideal senão o do êxito nem outro estímulo a não ser a avareza mais ou menos assolapada e bem apresentada, manifesta-se amiúde por meio de espasmos das artérias, de pressão sanguínea elevada e até de infartos cardíacos.

Uma vez imposta a norma vital "deves render mais do que os outros", toda a existência se converte numa guerra permanente; e o pequeno titã da nossa sociedade competitiva condena-se a cair, mais cedo ou mais tarde, nas garras de uma crise de angústia que quase ineludivelmente se traduz em transtornos e até em lesões do coração, do estômago ou dos intestinos. Via de regra, as chamadas doenças psicossomáticas que enchem os ambulatórios das nossas clínicas não são senão o produto de uma sociedade regida ditatorialmente pelas leis da concorrência mais desenfreada e do êxito a qualquer preço (Karen Horney).

Medard Boss escreve: "A angústia e o sentimento de culpabilidade ameaçam abater o homem moderno debaixo da fria e tersa fachada de um aborrecimento vazio e debaixo da lousa do sentimento desconsolado de uma existência sem sentido. O número cada vez maior de doentes que se lamentam apenas do vazio, do tédio e da insignificância da sua vida convence o psiquiatra de que a forma de neurose própria do nosso porvir imediato se pode designar com o nome de neurose do fastio ou do vazio... A angústia pânica e o sentido de culpabilidade mais profundos são consequência de um vago dar-se conta de se haver caído num abismo sem fundo. É por isso que o aborrecimento que corrói a existência dos neuróticos contemporâneos se refugia amiúde no estrondo ensurdecedor de uma atividade paroxística sem tréguas ou na embriaguez obtida por meio de medicamentos e sedativos que lhes anestesiam a consciência".

Teremos de recorrer outra vez, portanto, ao *dolce far niente*? Teremos de renunciar às nossas geladeiras, automóveis, aparelhos de televisão, companhias de seguro e férias no exterior, para fundar um novo paraíso sem trabalho, em que tão somente a rosa da fantasia nos alimente e extasie? Sem necessidade de nos entregarmos à beata exaltação do mundo "hippie" ou à fascinação ascética do exotismo "ioga", urge, não obstante, neste nosso tempo por demais excitado, conquistar outra vez a sabedoria e a compostura do antigo e desprestigiado *otium*.

Por si mesmo, o trabalho é incapaz de dar alegria ou sentido à nossa vida. Note-se que até as grandes revoluções sociais e econômicas são produtos do espírito: mais do que a miséria e a fome enquanto tais, o que move as massas revolucionárias é o ódio, a vingança, o senso da justiça, a humilhação e o desespero, que são ímpetos espirituais.

O saber orgulhoso e o pensamento apaixonado foram sempre, de Adão até hoje, os perigos mais graves que espreitam a humanidade; mas também o trabalho, convertido em ídolo, despoja o homem das suas melhores qualidades, destruindo a sua alegria de viver.

Só o verdadeiro espírito nos livra desses desvarios. A laboriosidade é uma virtude, uma qualidade espiritual; não uma coação nem um ímpeto exclusivos, não uma inclinação egocêntrica nem um puro hábito ativista que asfixia o amor ao próximo e ao mundo. A laboriosidade não é a primeira das virtudes e, precisamente por isso, não se lhe devem sacrificar nem o cônjuge, nem os filhos, nem Deus. O trabalho ou é um serviço, ou uma escravidão. E só o espírito detecta e realiza este sentido de serviço.

O tempo livre que, dada a automação crescente, amplia-se cada vez mais, devia dar ao espírito um novo alento, uma maior liberdade e uma serenidade mais firme. Devia tornar possível aprender coisas novas, pensar mais ajuizadamente, interiorizar-se, não deixar passar despercebida a beleza e um abandono mais confiado no mistério fundamental da vida. *Bisogna pensare!*, é preciso pensar!, dizia a ingênua Gelsomina ao potente Zampano do filme *Noites de Cabíria*, de Fellini. O público ria-se, mas Gelsomina tinha razão. Há ainda muitos homens "experientes" que, com certeza, "viveram" muito, mas não entenderam nada ou quase nada. Para compreender, é preciso trabalhar, não basta pensar!, mas pensamento e trabalho devem unificar-se, pois uma humanidade que apenas trabalha é uma humanidade suicida.

Segundo a Revelação cristã, a felicidade definitiva, que já na terra tem de ser nuclearmente inaugurada, não consistirá numa condição de laboriosidade apoteótica, mas na vitalíssima contemplação de Deus, que satisfará todas as ânsias humanas. Apesar disso ou, melhor, justamente por isso, o homem de fé descobre em toda a espécie de trabalho um altíssimo valor, porque, através dele, não "labora", antes "colabora" com o próprio Deus no seu incessante agir no mundo e no tempo, antessalas da eternidade.

Neste sentido, talvez o artesão goze de uma grande vantagem, pois o trabalho manual aproxima-se das coisas sem orgulho nem presunção, sem complicações intelectuais e sem receios: porque mede exatamente a energia física de cada uma das suas ações, adaptando-se assim à verdadeira realidade do mundo; porque aprende e aperfeiçoa dia a dia a atenção e o respeito por seu corpo e pelo corpo das coisas.

O corpo do homem é tão humano como a sua alma e tão pouco animal como o seu espírito. O trabalho das mãos é humilde e ao mesmo tempo exige força, prudência, ordem, audácia, castidade, esmero, alegria e não raro uma ternura delicadíssima. Mediante o trabalho com as coisas e ao pé delas pode-se, e dever-se-ia, contemplar o próprio Deus, e servi-lo e amá-lo, e sarar o mundo, olhar por ele e salvá-lo. Jesus Cristo foi carpinteiro e Paulo, curtidor...

Mas não são só contemplação e trabalho, inseparavelmente unidos, que dão sentido à vida. Também a dor. A não ser assim, uma multidão de existências careceriam de sentido e de valor; e a eutanásia e o suicídio multiplicar-se-iam e justificar-se-iam perante os nossos olhos aterrados. O significado da dor, no entanto, quase sempre nos escapa: só o acerbíssimo e misteriosíssimo sofrer do Homem-Deus o pode desvelar e transfigurar, à sombra da fé, *como que num espelho* (cf. 1 Cor 13, 12).

PERSEVERANÇA OU FIDELIDADE

A alegria motriz ou cinética das crianças é simplesmente alegria de viver, é saborear o jogo e o risco. Por isso lhes parece cruel a inclinação romana, clássica, de muitos pais, ao considerarem a constância ou firmeza como eixo da vida, como fundamento de todas as boas qualidades humanas, exaltando-a e inculcando-a sem reservas. Pressentem que a gente madura, com a sua renúncia à mobilidade, com a sua severa condenação de toda a espécie de inconstâncias, deseja no fundo poupar energias, evitar esbanjamentos generosos. Mas tudo o que arde e ilumina deve aceitar o fato de consumir-se.

A da vida é a experiência da instabilidade humana, da fragilidade das nossas construções, do desmoronar-se das nossas atitudes e disposições..., experiência que facilmente desemboca na frivolidade ou na desilusão, isto é, nas águas agridoces do ceticismo.

Muito poucas coisas logram escapar ao desgaste do tempo. As ideias são roídas pela traça como os vestidos, perdem o seu brilho e o seu feitiço; e o que uma vez nos entusiasmou como ideal parece-nos hoje ingênuo, quando não totalmente errôneo. Os sentimentos diluem-se; e aquele concentrar-se de toda a existência no coração transido por desventuras de amor cede pouco a pouco e dissolve-se em mil gestos anódinos e sem ímpeto, ou acumula-se no areal da tibieza. A vontade, em que tão firmemente acreditávamos, a vontade a que confiamos as

51

nossas melhores aspirações, acaba por nos assustar não poucas vezes com os seus delírios inesperados, com as suas paralisias repentinas, com as suas bruscas mudanças de direção, e até com fracassos estrepitosos... Tudo o que há de humano é frágil: o corpo, os instintos, a nossa sensibilidade, cujas mudanças se tornam imprevisíveis, apesar dos nossos múltiplos e neuróticos cuidados: como tiranos, fazem-nos dançar ao som dos seus caprichos... E a memória, com as suas lacunas e obsessões, com os seus embotamentos irremovíveis, dissipações e inseguranças...

Vivemos o hoje sem vislumbrar o que o amanhã nos há de trazer, sem suspeitarmos que emoções, desejos ou alegrias, que experiências nos hão de comover, sacudir, exaltar. Daríamos tudo para ter sempre na mão o leme da vida e guiar com segurança e firmeza o nosso batel rumo à meta que nós próprios havíamos fixado... Mas o correr dos anos deixou-nos na fronte rugas de ceticismo, pôs tudo de quarentena: a nossa pessoa e a do outros; a lógica e o amor; a política, as artes e as ciências.

Quem se detiver um instante a escutar o gotejar implacável da existência ouvirá o maldito sussurro dos desmancha-prazeres de todos os tempos: "Não se deixe enganar, que tudo passa, nada nem ninguém merece a sua confiança, nada nem ninguém neste mundo oferece repouso seguro". E avançamos assim pelo mundo, como raposos astutos, como leões feridos ou como esquilos insensatos: maquiavelismo, ressentimento, frivolidade.

Se a fugacidade e a instabilidade são dimensões existenciais do homem, querer medir o valor das qualidades humanas consoante o grau de estabilidade que demonstram, definir a virtude como inquebrantável "retidão" (no sentido retilíneo), como perseverança inalterável, e avaliar as ações humanas pela sua resistência em face de toda a espécie de flexões e desfalecimentos — é abrir a porta ao desânimo e à desistência de todo o esforço por alcançar o que é justo e bom.

Talvez tenha sido por isso que hoje perderam o antigo prestígio as expressões "perseverança", "constância", "resistência" e "tenacidade". Sabem a esforço sem conteúdo, a rigidez imóvel, a teimosia enfermiça, a tediosa uniformidade. A perseverança, com efeito, pode ser sempre um não sei quê de puramente mecânico, inerte e desumano.

E, na verdade, duração e estabilidade não são os valores mais altos. Nenhuma coisa é valiosa simplesmente por ser duradoura. Nenhuma vida ganha mais sentido pelo mero fato de se prolongar. Há existências que se consomem em tempo breve precisamente pela sua força interior. É a pedra que dura, não a rosa.

A teimosia presunçosa afirma-se, a mansidão é flexível; a rigidez do estúpido é inabalável, a inteligência do sábio é mobilíssima; é viscoso o tédio, e a genialidade do espírito brilha um instante tão somente; e bem assim são extremamente fugazes o êxtase místico dos santos, a inspiração dos artistas e os raptos do amor humano e divino.

Por isso, a eternidade anelada por todos os homens reflete-se melhor e mais claramente no momento vívido e efêmero do que na duração temporal, essencialmente relativa e perecível.

Nos seus *Tratados e artigos,* Max Scheler indicou-nos "dois caminhos para a cultura da alma: um deles é o da tensão do espírito e da vontade, da concentração, do distanciamento voluntário das coisas e de si mesmo". E, efetivamente, é esta uma diretriz muito estendida, que vê na absoluta posse de si, na renúncia total, a perfeição humana. Assim, o "perfeito" budista afirma de si mesmo, com soberba quase satânica:

```
O mais alto sou no mundo,
sou no mundo o mais sublime,
o primeiro sou no mundo,
e no mundo o último sou.
```

A ética romana da "virilidade" (virtude deriva de *vir,* homem ou varão), a impassibilidade dos estoicos, a virtude dos séculos XVIII e XIX, entendida como *recorde,* o ideal do esporte e dos "homens maduros" da nossa cultura econômica contemporânea, e bem assim o ideal de muitas psicologias e psicoterapias que fomentam a "autolibertação" — todas elas, sem o saberem, têm Buda por mestre severo. A excessiva tensão dos "homens impenetráveis" a todos os movimentos e influências do cosmos deveria atingir, segundo a opinião de muitos, tal como na doutrina de Buda, proclamada no século VII antes de Cristo, "a consagração da quietude absoluta, sem sofrimentos, sem alegria, indiferente".

A virtude, considerada como *recorde,* teve muito êxito, mesmo nos movimentos juvenis cristãos, com as suas equipes desportivas vitoriosas, com os seus capelães atletas e as suas mitologias batizadas, que ainda hoje aparecem por toda parte, talvez sob a máscara de James Bond: rendimento, dureza, domínio.

"O outro caminho é o caminho do sossego do espírito e da vontade..., o caminho da comunhão com as coisas e com Deus" (Max Scheler). Não é senão a antiga sabedoria chinesa, que considera a perfeição humana como elasticidade em e com o ritmo do cosmos. A perfeição não é ativismo ou esforço que façam capitular a natureza, mas o mistério imperscrutável do dom de si, descrito por Lao Tsé:

> O perfeito aparece desaparecendo, atinge a existência infinita prodigalizando-se, individualiza-se perdendo-se a si mesmo.
> (Provérbio 7)
> Fazer e não possuir, agir e não abater, vigiar e não subjugar.
> (Provérbio 10)

Que autêntica e vibrante arte de viver em harmonia com o universo! O mesmo nos diz a doutrina aristotélica da virtude, que de maneira alguma tem marca racionalista, pois na realidade não aceita senão uma única virtude: o meio-termo vibrante entre os extremos do excesso e da insuficiência, que é flechada feliz no centro, nem à direita demais, nem à esquerda demais. Exige um fino sentido da vida, um coração aberto.

Max Scheler define esta arte como o verdadeiramente cristão da virtude cristã: um contínuo pulsar interior de solicitude espiritual para com todas as coisas, as boas e as más, as belas e as feias, as vivas e as mortas..., movimento livre, audaz, sem medo, de um espírito cuja riqueza natural torna incompreensível o conceito de autodissipação, que nada pode propriamente esbanjar, porque é a própria vida que transborda.

O "novo mandamento" de Cristo, o *ágape*, é o arriscado movimento amoroso de todo cristão em direção ao outro. Insere-se naquele movimento do amor divino pelo qual Cristo desceu ao mundo e se aproximou dos homens. Este amor que *tudo sofre* e *tudo espera* (cf. 1 Cor 13, 4-7) é fundamento e raiz, mãe de todas as virtudes (Tomás de Aquino); e, por isso, não pode ser estabilidade, construção fria e protegida contra todos os perigos, a modo de virtude petrificada. Pelo contrário, é essencialmente nascimento incessante, risco festivo sempre atual, num perene começar e recomeçar, numa dinâmica extraordinariamente impetuosa e aventurada, num diálogo com o Deus que, sem cessar, nos chama à vida.

Trata-se, com efeito, da forma de vida mais plena: não da permanência numa postura ou situação, mas de um amor que sabe adaptar-se a todas as novas circunstâncias e que evita a hierática aridez do que é senil.

Os que têm medo do casamento por causa da união indissolúvel demonstram não ter a menor ideia do que é o amor humano, pois o amor é uma *dinâmica* totalmente pessoal, sempre nova, sempre assombrosa e assombrada, sempre diferente e caleidoscópica. A fidelidade consiste precisamente em que o homem que ama inventa todos os dias o amor, imaginando-o e criando-o sempre de novo. E esta é precisamente a palavra pela qual temos de substituir o termo "perseverança": fidelidade!

A fidelidade é qualquer coisa de vivo, de dialógico: somos fiéis a uma pessoa. A "perseverança" no caminho da vida cristã não é senão fidelidade: não a fidelidade a uma doutrina, ao dogma ou à moral, mas à pessoa viva de Cristo, num laço de amor que desvela a mais profunda vitalidade existencial.

Ser fiel significa tornar-se elástico, dócil, paciente; significa aceitar a paciência do amor que experimenta e volta a experimentar mil vezes, a paciência de quem, ao longo do tempo, vai descobrindo a sua debilidade e que, precisamente por isso, põe a sua máxima confiança, jamais defraudada, no Deus vivo, que nunca pode falhar.

Ser fiel quer dizer receber e valorizar cada instante para oferecê-lo ao Outro, para eternizá-lo, deixando nascer outro instante, tão fugaz como o anterior, mas com a mesma capacidade de fazer-se eterno.

Fidelidade é ritmo, renovação, renascimento, com as mãos e o coração abertos diante do Deus "que ama tudo e não odeia nada do que criou".

A oração e o amor ao próximo são o palpitar e respiração desta fidelidade, que não constitui, enquanto amor a Deus e aos homens, uma postura estável, uma perpetuação do primeiro entusiasmo amoroso, mas sim a aventura de duas pessoas vivas, móveis e imprevisíveis, que inventam e dão forma continuamente à sua coexistência. O *fiat* — faça-se! — da única criatura perfeita, a Virgem Maria, a quem Santo Agostinho chama *Tympanistria nostra* ("a nossa timbaleira"), marca o compasso do amoroso dom de si, que segue fielmente o misterioso ritmo de Deus.

A Deus e aos homens — sempre imprevisíveis no seu amor — não devemos oferecer uma atitude inflexível, mas a arriscada capacidade de adaptação ativa, a que alude a declaração amorosa da poetisa austríaca Ingeborg

Bachmann: "Por tua fidelidade te amarei e por teu amor te serei fiel".

SINCERIDADE

O amor à verdade dá lugar às mais diversas aberturas existenciais: ao estudo e à experiência, à contemplação e à sinceridade.

Esta sinceridade, que revela na franqueza o seu aspecto mais afetivo, é uma espécie de naturalidade do espírito, uma louçania e transparência estritamente juvenis, que eliminam do ser e da conduta retóricas e falsetes, eufemismos e trapaças políticas, a truculência publicitária e a morbidez de Narciso[1], cujo rosto, no dizer de Shakespeare, sempre se tinge com a palidez dos seus pensamentos.

Trata-se, com efeito, da espontaneidade de homens e mulheres que andam num clima de confiança, que provavelmente cresceram no ar sem nuvens de uma família sã e que têm, sem medos nem melancolias, a consciência clara de viverem na infância, nas dores de parto da vida verdadeira. Sábios e santos anelaram sem cessar essa pureza nunca de todo absoluta, essa originalidade ainda ferida, essa retidão sempre algum tanto *ad se recurva* — voltada para si mesma —... por causa da primeira rebeldia.

A paixão atual por tudo o que é aberto e social, que se exprime não apenas na política, mas também nas diversões coletivas do esporte, do teatro e da dança; assim como a difusão de uma psicologia da autolibertação, as realidades do pluralismo e do ecumenismo, e talvez a recente intro-

---
[1] Personagem da mitologia grega; extasiado pela própria formosura, que contemplava refletida na água, e acabou por morrer afogado. Representa a figura do egocêntrico, que só pensa em si próprio.

dução de uma liturgia popular — conferiram às chamadas virtudes "sociais" um novo brilho e sublimaram-nas aos olhos de toda a gente. A juventude presta à sinceridade um culto apaixonado; e isso, em face da chamada "moral vitoriana" ou "burguesa" das gerações anteriores, frequentemente hipócrita, representa uma aquisição de senso de responsabilidade inegavelmente positiva.

Já se sabe que não poucas formas de expressão complicadas mal conseguem encobrir uma proteção do *eu* — hipersensível e idolatrado —, uma preocupação angustiada de segurança, que se veste de modos excessivos ou se entrincheira por trás da exatidão de quem é muito exigente. A sinceridade afronta esses barroquismos doentios como forma saudável de existir e de comunicar-se que é como húmus fértil em que podem amadurecer as melhores qualidades de um caráter.

Em certa ocasião, perguntaram a Mons. Josemaria Escrivá: "Qual a virtude humana que prefere?". Respondeu sem vacilar: "A sinceridade". Estaria referindo-se à mesma atitude que Gide e Sartre decantaram nas suas obras como "autenticidade"? Será esta a mesma virtude que hoje se diria estar na moda e que se exalta como característica da moralidade contemporânea, quase que a ela reduzida, ou encontramo-nos em face de um equívoco? Será que a admoestação evangélica do *sim, sim; não, não* (Mt 5, 37) constitui um convite indiscriminado à manifestação desenfreada de todos os nossos impulsos e humores mais primitivos?

A sinceridade verdadeira e valiosa nasce a serviço do próximo; não quer escandalizar nem ofender, nem fazer tábua rasa da educação e do tato. É modesta, desinteressada e pudica. Possui a delicadeza de quem, com um movimento resoluto, descobre uma ferida, fazendo ao mesmo tempo o possível para que a infecção não se espalhe. A autêntica sinceridade difunde paz, porque revela sem fanfarronice a paz consigo mesmo e com os outros.

A falsa sinceridade, em contrapartida, semeia inquietações venenosas. Cumpre reconhecê-lo: sob capa de sinceridade, vende-se amiúde tão somente arrogância, grosseria, tendência malsã para a provocação, gosto de malsinar o próximo, inclinações exibicionistas para pôr a descoberto as mais íntimas perversões, às vezes o masoquismo de proclamar os próprios fracassos e desesperos, e o cômodo desafogo dos instintos de agressão e do sexo.

O desavergonhado, o blasfemo, o incontinente, o malicioso e o invejoso não são sinceros em suas vomições mais ou menos repugnantes, mesmo que apelem sem cessar para a sinceridade. São figuras tristes do homem sem freios, que se deixa levar por seus impulsos mais arcaicos, que não chegou à maturidade da personalidade.

Falou-se tanto, de Freud em diante, dos efeitos patológicos de todas as repressões, que se passou a julgar saudável qualquer revelação de intimidades, qualquer explosão instintiva. Fustigou-se tanto a hipocrisia da moral social e o artifício das maneiras sem conteúdo que qualquer grito "original", inconformista e estrepitoso se considera justificado e sincero. A autolibertação de "complexos", a destruição de "tabus" são, hoje, tão bem cotadas, que deveríamos aceitar tranquilamente a cuspidela do vizinho em prol do seu "equilíbrio psíquico".

Uma psicanálise vulgarizada e tosca qualifica como "natural" toda e qualquer libertação ou satisfação de instintos e como "contrária à natureza", "tabu" ou "lastro cultural" toda a repressão que sobre eles se exerça: assim, qualquer descomedimento se julga autêntico, natural e sincero, ao passo que a continência, o autodomínio, a temperança e o pudor se relegam para o plano do inautêntico, do antinatural e hipócrita.

Posição que se torna cômoda e se cerca da auréola de "científica", embora na realidade não poucos médicos, psicólogos e pensadores do nosso século tenham provado irrefutavelmente que o autodomínio e a repressão dos chamados "instintos" são precisamente característicos da espécie humana, só em casos bem determinados merecendo ser considerada como morbidez ou paliativo.

Encaremos a realidade: quem não tem moral nenhuma e liquida como "tabus" todos os princípios éticos, falando com desembaraço e descaramento de todas as suas malfeitorias, não é um homem sincero, mas simplesmente um primitivo, que sequer sabe por que deveria exprimir-se com discrição. Quem, ao encontrar um amigo que perdeu o pai recentemente, lhe diz sem rodeios: "Não sinto pena nenhuma, porque teu pai era um pobre-diabo e, além disso, um antipático", não é sincero, ainda que "sinta" o que declara, mas um selvagem e um mau amigo. E o católico que afirma não ir à missa aos domingos porque "não sente nada" também não é sincero, mas um sentimental egocêntrico, que não tem a menor ideia do que são as relações do cristão com Deus.

Já que a pretendida sinceridade combate hoje com uma sanha particular o sentimento do pudor, diga-se também sem rodeios que este sentimento vital pertence à essência desse "ser fronteiriço" que é o homem, a cavalo entre o reino dos espíritos e o dos brutos. Nem Deus, nem o animal detêm essa qualidade especificamente humana. Digam o que disserem sociólogos e antropólogos embriagados de "estruturas", o pudor não é nenhum produto cultural, ainda que o sejam, sem dúvida, algumas das suas manifestações. A falsa "educação" produz apenas a sua caricatura: a hipocrisia puritana ou o cinismo obsceno, que não são senão reações contra um mal-entendido ou desviado sentimento do pudor. A pretensão, astuta e aduladora, nada têm que ver com ele; e, quando assume as formas expressivas da pudicícia, converte-se inequivocamente em sedução.

O pudor, como bem frisou Max Scheler, impede que o impulso sexual procure uma satisfação egoísta, isolada e essencialmente inumana, enquanto não existir ou não tiver nascido ainda o amor oblativo, recíproco e estritamente humano. O pudor protege a sexualidade da deformação ou da redução ao nível da mera instintividade sem afetos e sem alma; garante a unidade da pessoa, isto é, associa instinto e espírito: do espírito recebe a sua nobreza e seriedade, e dos sentidos a sua graça e beleza atraente. Quem tem pudor demonstra ao mesmo tempo e na mesma medida riqueza de alma e de paixão.

Esta e outras observações fazem ver a naturalidade e o aspecto positivo deste tão maltratado e ridicularizado guardião do amor humano em todas as suas dimensões espirituais, afetivas e sexuais. O pudor fomenta a autenticidade e a espontaneidade da sexualidade humana, porquanto põe o instinto a serviço do amor e estimula, no âmbito dos valores espirituais, a sinceridade verdadeira, pois subordina os impulsos do sexo ao diálogo interpessoal, de modo que a lealdade e a sinceridade não cheguem a ferir nunca a esfera íntima de nenhum dos amantes.

O que, a portas fechadas ou no seio de uma família, é sincero e autêntico, pode, em praça pública, converter-se em desconsideração ou falta de caráter. Em todas as atitudes e comportamentos conta, antes de mais nada, a esfera íntima, a interioridade em que se radicam a veracidade e a lealdade das formas expressivas. Se a profundidade do homem é sadia e honesta, não fica garantida apenas a autenticidade dos seus atos, mas também a sua sinceridade em face do próximo: não há máscara alguma, mas um rosto verdadeiro.

Não obstante, quando o espírito, em determinadas circunstâncias, precisa adotar novos e mais adequados módulos de expressão, perseverar no uso de formas antiquadas e gastas pelo tempo, mais que sinal de hipocrisia, é sinal de obtusidade, de falta de imaginação e de elasticidade vital: a conduta degenera em comédia.

A Igreja, apesar de conservar inalterada a sua liturgia, em todos os tempos tem procurado, a serviço da sinceridade dos fiéis, novas formas expressivas, adaptadas ao sentir e ao estilo de cada época. Acaso não é de desejar que a juventude atual faça uma revisão dos ritos cavalheirescos medievais, que ainda dominam no esporte, no exército e em não poucas organizações juvenis?

No entanto, também se pode perguntar: essa obsessão moderna pela espontaneidade e pela abertura não traz consigo uma diminuição, uma deterioração da intimidade, um declínio da natural discrição da vida, do mistério do eu, da concentração de todas as forças humanas no silêncio e, pela mesma razão, o aparecimento de um novo tipo de insinceridade e de inautenticidade? O denodado esforço por estabelecer um diálogo genuíno entre todos os humanos deve fazer-se acompanhar de uma séria solicitude de interioridade veraz, sem a qual todo o colóquio se esteriliza: muita saliva e pouco sangue. A sinceridade consigo mesmo é a premissa ineludível da sinceridade com os outros. E vice-versa: só quem mostra aos outros um rosto verdadeiro, livre e aberto pode voltar-se para si e reconhecer a sua própria imagem sem adornos.

Não é fácil ter um rosto ao invés de uma carranca. "Quem me poderia demonstrar que tenho um rosto, a não ser o beijo do próprio Deus?" (Mercedes de Gournay). Somente a relação duradoura com o Eu absoluto de Deus torna possíveis a sinceridade e a autenticidade consigo mesmo e com os outros.

MEDIOCRIDADE

Os espíritos embriagados de absoluto assanham-se sem cessar, e amiúde sem piedade alguma, contra a generalizada mediocridade dos homens cuja reduzida capacidade não logram suportar. As suas críticas acerbas têm êxito garantido, pois é praticamente impossível não acertarem o alvo visado. As suas palavras duras, de têmpera viriloide, de "grande elã", adubadas com doses de sadismo e até de masoquismo, estremecem os leitores e ouvintes estupefatos e, na melhor das hipóteses, arrancam conversões de tempestuosa emotividade.

Os profetas apocalípticos, os críticos sociais sem coração, os demolidores de mitos, no fundo não fazem mais que deitar abaixo uma porta aberta de par em par: a porta que dá para a experiência da limitação e da fragilidade da criatura expulsa do Paraíso.

Mas as suas conclusões fanáticas não nos acalmam a angústia nem os sofrimentos. Despertam irritação, não amor; inquietação, mas não esperança. Fomentam titanismos de autopossessão e de autodomínio e desatam os "tigres de papel" de ideais paranoicos. Combatem encarniçadamente tudo o que no homem aparece de impuro ou tão somente amalgamado, e caminham encurvados e carrancudos por este nosso mundo em que, junto do trigo, medra sempre, arteiramente, a cizânia. Têm sempre na boca disjuntivas cortantes e sem apelação. Bradam, fustigam, desmascaram hipocrisias, revolvem o lado escuro de todas as almas e

13

fariscam, quer nas alturas, quer nas profundezas, a podridão da virtude medíocre.

Léon Bloy, na França, e Giovanni Papini, na Itália, foram talvez os últimos grandes escritores deste feitio. Também hoje, Heinrich Bòll, Julien Green, Graham Greene seguem ainda as mesmas pegadas dos savonarolas[1] secularizados, para não falar de um número bastante conspícuo dos chamados "autores espirituais" do nosso tempo pós-conciliar.

Personagens desta índole tiveram às vezes influência notável nos costumes de uma época e de alguns países, mas em essência a sua atitude não é de modo algum recomendável, simplesmente porque é inumana, no sentido mais estrito do termo. A sua cólera desatada cansa, acaba por ser teatral, esvazia-se pouco a pouco de significado e, em última instância, esteriliza-se, se não se torna contraproducente.

Em todas as épocas, o que os homens precisam acima de tudo é serem confortados e animados; necessitam confiança e carinho, precisamente no âmbito da sua ineludível mediocridade.

Os espíritos verdadeiramente grandes não gostam das palavras altissonantes, nem das ações superlativas; e não ocultam o seu receio pela grandiosidade. Temem as ideias sem corpo, que se levantam sobre a terra e nos sobrevoam a cabeça como cometas de fogo. Amam a realidade em toda a sua extensão e espessura, amam o campo inteiro em que, como Jesus Cristo disse, se semeia o mal de noite. E não se

---

1 Alusão a Jerônimo Savonarola, pregador dominicano do século XV, célebre por suas investidas contra os desvarios de certos eclesiásticos do Renascimento e pelo caráter duro, visionário e arrasador de seus sermões.

escandalizam ao verificar que o preto e o branco absolutos não se dão nem em nós nem entre nós.

"Só Deus é bom" (Mt 19, 17); nós somos todos cinzentos, e aspiramos a vida inteira à consecução de uma pureza nunca atingida inteiramente. Quanto mais variegada é a sementeira, maior é a confusão dos "hipersensíveis espiritualistas", cuja murmuração não cessa, enquanto os mais violentos e impacientes clamam por cruzada e ameaçam com catástrofes punitivas.

O verdadeiro espiritual, em contrapartida, não se deixa abrasar por esses zelos intempestivos: sabe esperar, sem pressas e sem nervosismos, aceita com amor o cuidado cotidiano e leva tudo à silenciosa vitória do bem. "É com sandálias leves que caminham a beleza, a verdadeira bondade e o heroísmo autêntico. E tudo o que chega a ser duradouro neste mundo mutável e ruidoso, cheio de falsos heroísmos, de falsas felicidades e de belezas inautênticas, costuma passar despercebido" (W. Raabe).

> *O homem santo*
> *rejeita o extraordinário,*
> *rejeita o excessivo,*
> *rejeita o grandioso*
>
> Lao Tsé

No Reino do Céus que, conforme ensina o Evangelho, se assemelha a um tesouro escondido debaixo da terra, entrarão as crianças tão somente; e as crianças vivem no que é pequeno, respiram o que é pequeno e, brincando com coisas pequenas, desenvolvem a sua capacidade espiritual pouco a pouco.

O maior de todos os perigos é o orgulho do espírito, maior do que qualquer mediocridade. Dessa torre de Babel raramente se desce ao nível da realidade; muitos, pelo contrário, precipitam-se das suas alturas no abismo de uma carnalidade artificialmente isolada: de uma ilusão para outra, por obra de um triste e conhecido curto-circuito: "Não vos deixeis levar pelo gosto das grandezas; afeiçoai-vos com as coisas modestas" (Rom 12, 16).

Em compensação, de uma mediocridade não dramatizada e mesmo de uma verdadeira baixeza brotam frequentemente as grandezas humanas — as dos santos também —, como um dia disse Lao Tsé, de um modo comovente:

```
Até a árvore mais poderosa
foi um dia suavíssima pelugem.
De um cigalho de areia
se levanta uma torre de nove andares.
E uma viagem de mil léguas
começa debaixo dos teus pés.
```

Tudo é pequeno no nosso ambiente humano-divino. E o que é pequeno deve ser sempre considerado como tal. Qualquer tipo de idealismo — e não esqueçamos que o materialismo é fruto do idealismo — tenta passar por alto a nossa verdadeira natureza para assim a deformar, tornando-nos infelizes.

Realismo, no entanto, significa viver o grande no pequeno, lobrigar o brilho áureo do tesouro sepultado, não deitar aos porcos a pérola inestimável do vulgar. O amor ao mundo manifesta-se exclusivamente neste cuidado com as coisas miúdas, neste realismo e senso prático que é atenção, delicada precisão e solicitude pelos afazeres mais insignificantes, sem neles nos apoucarmos, sem cairmos no fetichismo de coisas e ações da nossa irrelevante existência.

Por isso, o amor que salva o mundo sabe e saboreia a poesia da prosa, o esplendor do que é oculto e a profundeza do que é simples. "Os amores mais sublimes fenecem amiúde neste mundo de relatividade e temporalidade, por carência de alimentos humildes; e ninguém tem o direito de tachar um amor de medíocre, de superficial ou sensual, só por necessitar, para se exprimir e para viver, de carícias, de flores, de pontualidade ou de presentes insignificantes" (G. Thibon).

Quem não souber suportar o condicionamento e a limitação da existência terrena, quem rechaçar, escandalizado, a natural urdidura dos nossos sentimentos mesclados, não se elevará de modo algum, antes se encerrará na asfixiante redoma de cristal de uma "aristocracia espiritual" totalmente anticristã. Fénelon descrevia este fenômeno numa carta famosa, dirigida a uma freira que, embora mulher de grande espírito e férrea vontade, era por natureza soberba, cheia de desdém pelo "mundano" e que, exatamente por isso, precisava aprender a humilhar-se na e por meio da "mediania": "Se Deus ama o homem, ama a mediania, a pobre e pequena virtude, os pobres e pequenos talentos humanos" (cit. pelo barão von Hügel).

Os grandes feitos, os ideais desmesurados, as gestas heroicas não combinam com a nossa fadigosa vida diária. Cumpre suspeitar das aspirações que o sentir comum dos homens bons e correntes julga ineficazes, disse uma vez São Francisco de Sales, citando a propósito o exemplo do desejo de certa perfeição que ninguém pode atingir.

E acrescentava: "Evitemos esta acumulação de desejos, para não nos darmos por satisfeitos com eles, descurando as obras que são mais úteis do que todas as discursatas sobre aspirações e perfeições irrealizáveis, pois Deus aprecia muito mais a fidelidade às coisas pequenas, que estão ao nosso alcance, do que o interesse pelas grandes, que na realidade não dependem de nós".

Também Santo Agostinho receava que os homens que cobiçam os valores supremos se "estirassem" tanto que chegassem a quebrar, e dizia: "Recomendo-te, não vás tu estalar — *ne forte crepes!* —, que venhas cá para baixo. Deus te visitará".

E esta é precisamente, contra toda a santidade aparente ou farisaica, a revelação da Nova Aliança: que o poder divino se manifesta na fragilidade humana. A realização do amor de Deus ao mundo consiste, precisamente por isso, em Deus se abismar, em se autolimitar na criatura, na sua encarnação realíssima.

A grandeza de Deus, a sua sabedoria e a sua santidade manifestam-se em Ele se fazer "Nada", "Loucura" e até "Pecado", como disse São Paulo, numa expressão acerada. A *dynamis* (poder) de Deus aperfeiçoa-se, segundo o Apóstolo, na *astenia* (fragilidade), contrária a toda a aparente grandeza, saúde, formosura, humanidade e compreensibilidade (H. Rahner): "Porque, quando me sinto fraco, então é que sou forte" (2 Cor 12, 10). Escândalo para os idealistas, consolo para a nossa trivial mediocridade.

Não se trata, porém, nem de uma glorificação do nada, nem de um trágico desmoronamento do céu, mas da revelação do infinito no espaço finito da criatura. E isto, não à maneira de um ocaso dos deuses, mas com toda a mansidão e modéstia, como singela e silenciosa vida de Deus numa aldeia humana, como jubilosa mensagem aos pobres. Menos discursos tonitruantes, mais mãos consoladoras estendidas. Menos preconceitos e mais alento prodigalizado. Menos pensamentos grandes, sublimes e complicados e mais amor e cuidado com as pequenas coisas diárias, "triviais", "medíocres". Menos críticos e mais poetas, daquela poesia que, por si só, penetra a profunda realidade do mundo dos homens.

Mediocridade perniciosa é aquela que não conhece nenhuma nostalgia de bem e de melhoramento, a que encontra na vulgarização e nos panos quentes a sua expressão mais característica. O sentido do real exige respeito pela escala de valores humanos e espirituais: não admite pactos com a subversão.

A desdramatização necessária para a conservação de um critério são e realista não se confunde com a eliminação ou com a simplificação comodista, burguesa, míope e desatenta de toda a espécie de dificuldades e problemas. Todos devemos considerar-nos pequenos, crianças, mas não imaginemos viver num mundo sem buracos nem arestas. Não evitaremos nem a dor nem fadiga; não iludiremos tropeços nem quedas; hão de rodear-nos sem cessar os mistérios da vida e da morte; e a mediocridade nos acompanhará até a sepultura.

Que fazer? Nem agitações patéticas, nem sonolências insuportáveis, nem heroísmos fanfarrões, mas sim o abraço sincero ao que é pequeno.

# BENEFICÊNCIA

A palavra "beneficência" soa ao ouvido do homem atual como melodia sentimental de tempos definitivamente fenecidos. Sugere determinada atividade supererrogativa em favor dos pobres, que uma sociedade mais ou menos opulenta relegava ao esquecimento, oferecendo-lhes restos de comida e artigos de consumo, não por sentimentos de justiça, mas por "pura compaixão".

Lembra concertos, tardes de circo, bailes e tômbolas, que as senhoras da "boa sociedade" puseram na moda, para solicitar aos ricos dinheiro que empregavam em obras de caridade. E bem assim as visitas aos doentes, presos e pobres que alguns realizavam nos tempos livres, estimulados pelas grandes figuras do amor ao próximo, que em todas as épocas e em toda parte, especialmente nas regiões mais carentes, brilharam como fanais de puríssima humanidade.

Por que será que nos parece tão surrado, tão superficialmente patético e tão pouco convincente este tipo — quase protótipo — de beneficência?

É preciso ter em conta, antes de mais nada, que não se podem julgar tempos passados com o nosso gosto, com a nossa sensibilidade e com a nossa consciência atual: é mister saber penetrar o espírito de cada época. Não se pode negar o fato de que muitos homens e mulheres verdadeiramente generosos, de modo algum hipócritas, exprimiram ao longo dos séculos o seu autêntico amor ao próximo e o seu amor a Deus por meio das obras de beneficência mencionadas. Essas "obras de caridade" não passarão nunca.

Por outro lado, também não é justo assanharmo-nos contra o estilo e as formas da beneficência de outros tempos, por mais barrocas, sentimentaloides e afetadas que se nos afigurem, e desconhecer o espírito que as animava.

É hoje muito fácil desmascarar e lamentar os aspectos deploráveis das obras e organizações beneficentes passadas: o seu afastamento da vida ordinária, o seu isolamento por trás do muro da admiração geral, as suas maneiras não raro altivas, o ambíguo paternalismo que um autor moderno denunciava naqueles "esnobes" que falavam dos *seus* pobres com a mesma artificiosa preocupação com que, em certas tertúlias, discreteavam sobre os *seus* cavalos de corrida.

Chegou a constituir um lugar-comum da nossa moderna sensibilidade espiritual meter a ridículo a avara e míope matemática da "boa ação diária dos escoteiros" e, sob a influência de uma psicologia profunda vulgarizada, tachar de suspeita qualquer forma de beneficência, que não seria senão um calmante da consciência para gente entregue à *dolce vita*.

Mas esta tendência para descobrir por toda parte motivações secretas e indecorosas constitui precisamente uma das mais tristes consequências de uma psicanálise de telenovela, que não tem em conta o fato de que uma obra de misericórdia representa em muitos casos uma real reparação da culpa passada, reparação que se segue à justificação[1] ou a prepara, pois "os misericordiosos alcançarão misericórdia" (cf. Mt 5, 7).

---

1   O autor usa a palavra "justificação" em sentido teológico, significando a santificação sob a ação da graça.

O pensamento crítico comete amiúde grandes injustiças quando se ceva no passado, especialmente ao esquecer que coisas tão óbvias para nós como o cuidado com os doentes nos hospitais, com os órfãos e os anciãos em institutos apropriados, com o ensino ministrado aos pobres etc., foram ao longo de muitos séculos puras obras de misericórdia praticadas por motivos religiosos. Parece-nos uma conquista da sensibilidade moderna desprezar por indigna toda a beneficência humilhante e até insultante para com os necessitados, como se no passado toda a "caridade" tivesse consistido nesta chaga vergonhosa.

São Tomás de Aquino, para não citar mais do que uma autoridade egrégia, já havia denunciado que "as ofensas infligidas às viúvas e aos órfãos são mais graves do que as outras porque, além de se oporem à misericórdia, ocasionam maiores danos, pois as viúvas e os órfãos não têm ninguém que os socorra". E, no entanto, nem lhe passou pela cabeça que o próprio benfeitor pudesse converter-se em ofensor por causa do seu modo de praticar a beneficência. É que, aqui, transferimos uma sensibilidade que em outras épocas, com outros costumes e usos, não existia, nem nos benfeitores nem nos beneficiados. Por isso, a interpretação correta e honesta das formas da antiga beneficência exige em quem a fizer uma grande finura de "discernimento de espíritos".

Contudo, é forçoso reconhecer que o aparecimento do "sentido do nós", bem como os progressos da pedagogia, da psicologia e das ciências sociais, a par do reconhecimento universal dos direitos do homem, deram lugar, no nosso século, a um aprofundamento do conceito e da prática da beneficência, verdadeiramente notável e característico.

A dignidade do homem como pessoa obteve nos nossos dias uma consideração cada vez mais geral, e muitas pessoas de boa vontade congregam sem cessar esforços em prol do bem-estar de todos os membros da família humana, atuando, sem distinção de ideologias e de crenças, neste plano de valores estritamente antropológico.

A modificação das situações sociais representa, na nossa época e sob este ponto de vista, o primeiro dever da beneficência mais eficaz. Nenhuma beneficência particular, isto é, exercida individualmente, poderia hoje sossegar completamente a consciência do homem contemporâneo, se não tivesse em conta que a assistência social de direito e tecnicamente bem equacionada constitui a sua obrigação primária e se não se empenhasse nela na medida das suas próprias possibilidades.

A iniciativa privada da Igreja como tal, ou dos seus fiéis, associados com responsabilidade de grupo para a eliminação de todas as misérias materiais ou espirituais, deve ser apoiada pelo Estado e pelos particulares, pois não só amplia e completa a assistência social oficial, mas também mostra um espírito que a fria maquinaria da burocracia pública jamais pode oferecer.

Estas iniciativas devem, no entanto, renunciar de uma vez para sempre a todo o "diletantismo", a toda improvisação "bonacheirona", e talvez ainda a certas estruturas e maneiras que se tornam ofensivas para os necessitados, de modo que respeitem, não só com a intenção mas também de fato, a dignidade humana. É tão vulnerável o necessitado!

O verdadeiro amor ao próximo é delicado e cheio de tato. A sua mão esquerda ignora sem esforço o que faz a direita.

Não é ruidoso nem faz alarde em praça pública, que é onde os direitos do homem encontraram o seu máximo reconhecimento, mas de fato mais se conculcam sem piedade.

A filantropia e as melhores intenções não podem substituir a ajuda real e eficaz: o café faz-se com café, não basta fazê-lo "com amor"; caso contrário, insulta-se o amor e o sedento (e "o próprio café!", como diriam ainda os bons provadores).

A consciência social moderna considera a beneficência principalmente como um sistema de impostos, de subvenções, seguros, bolsas e prêmios; e, portanto, como algo que é preciso programar racional e tecnicamente. Resta averiguar se esta maquinaria do bem-estar organizado é expressão do amor ao próximo ou simplesmente medo em face da dor e dos doentes. O "homem neurótico do nosso tempo" (K. Horney), da nossa "era de ânsia" (Auden), teme a dor como talvez nunca no passado. Mais ainda, teme o sofrimento dos outros, pois este provoca compaixão, se é que esta é deveras um real *com-padecer*.

Temos medo e fugimos aterrados daquele que sofre. Tem-se dito — não sem exagero, evidentemente — que a sociedade moderna inventou a assistência social pública para afastar dos olhos o espetáculo da dor, assim como promulgou leis contra a mendicância para proteger a paisagem urbana, favorecendo desse modo o turismo. Tem-se dito que hoje confiamos com satisfação os doentes a clínicas e hospitais, os desempregados aos sindicatos, os anciãos e as crianças anormais a entidades especializadas, os pobres e desabrigados à ajuda social: somos seres civilizados, e sofrer é proibido entre nós! Razão de estado, estética, ordem, higiene, todos esforçam-se por camuflar o nosso medo perante os aflitos e necessitados. Mas todo este zelo é vão: "Vós sempre tendes convosco os pobres" (Mc 14, 7), disse Jesus Cristo; e a sua profecia confirma-se mesmo nos chamados "países do bem-estar".

O verdadeiro amor de benevolência interpessoal permanece e permanecerá insubstituível e sempre necessário. E, como todos os homens deste mundo se encontram na antecâmara da dor ou padecem debaixo das suas várias torturas, deve cada um de nós peregrinar com as mãos estendidas pela piedade, para "tocar" o sofrimento, tal como fizeram sempre os grandes protagonistas do amor ao próximo. Só eles podem visitar os leprosos da terra, pois só eles, literalmente, compadecem. Com uma piedade que não humilha, com sorrisos que não ofendem, com lumes que não ofuscam.

Além disso, e fundamentalmente, o cristão vê em todo o rosto aflito o próprio rosto de Cristo; e por isso o seu amor ao irmão se transforma, para ele, no encontro com o "homem das dores" por excelência, com *Christus patiens*, Cristo paciente, sempre presente: "Em verdade eu vos declaro: todas as vezes que fizestes isso a um destes meus irmãos mais pequeninos, foi a mim mesmo que o fizestes" (Mt 25, 40).

Este divino encontro torna possível uma contínua beneficência na vida familiar, profissional e social, ordinária; e a salvação do humano na áspera engrenagem das coisas diárias. Somente Deus pode dar sentido ao desconcertante mistério da dor. Somente Ele dá ao amor ao próximo a força mais desinteressada. Nenhum humanitarismo jamais conseguirá substituir esse amor, que une Deus e o homem num só abraço.

GRATIDÃO

Pedir, e mesmo implorar, é humano e trivial. Ser agradecido é ainda mais humano, mas também muito mais caro. Sem pecar por exagero, pode-se afirmar que "não há nenhuma qualidade humana que melhor manifeste a saúde interior, espiritual e moral de quem a possui, do que a sua capacidade de agradecer" (Bollnow). É de bem-nascido ser agradecido.

A gratidão vai ao encontro do dom, e especialmente do dom amoroso. Com efeito, o amor humano merece este nome se for dom de si gratuito e sem prazo; e deixa de sê-lo logo que se configura como preocupação de possuir ou se mercantiliza numa simples troca de serviços, de prazeres ou de coisas. O amor sem adjetivos é pura oferta, e sua pedra de toque é a gratidão.

Quando, entre amantes, fala-se muito de deveres e direitos, é porque se esquece ou despreza o mais importante: a dádiva incondicionada e a gratidão que revela. E se a fidelidade passa a constituir a preocupação fundamental, é porque ainda não se descobriu a medula mais arcana e saborosa do amor entre os seres humanos; pois ao passo que a fidelidade se define frequentemente pelas múltiplas obrigações contraídas, cuja lesão dilacera o vínculo amoroso, a gratidão é uma atitude de fundo extremamente delicada, que o simples descuido, a distração e a omissão desvanecem.

O agradecimento brilha como sinal da liberdade mais limpa, como surpresa sempre nova em face de um dom que nunca era óbvio nem podia ser vislumbrado. Quem não tiver experimentado a perfeita liberdade do dom de si, também não pode sentir nem exprimir a alegria cabal e expedita da gratidão.

Existe o livre mercado nas relações humanas; mas aquele que vende uma mercadoria tem e reclama o direito de ser pago por ela. Há uma fidelidade livre; mas tão somente no sentido em que é mantida ou violada, com mérito ou culpa. Agora, o dar e receber correm no âmbito de uma liberdade mais alta, que se atualiza numa modéstia elegante e recatada, por parte de quem dá, e em gracioso agradecimento, por parte de quem recebe.

A palavra "graça" significa a um tempo dom e gratidão: à graça concedida corresponde-se dando graças... Além disso, chama-se "graça" àquela preciosa qualidade que consiste em fazer com facilidade, sem grosserias nem a falta de compostura do esforço, o que em si é difícil: agilidade de movimentos num mundo que está a ferver de finórios, de falsos titãs e de dolentes escravos das nossas máquinas complicadas. É o que Goethe diz pela boca das Três Graças em seu *Fausto*:

> *Demos donaire ao viver,*
> *vamos pôr graça no dar*
> *e garbo no receber.*
> *Que a satisfação do desejar seja donosa;*
> *que, enquanto vão passando dias quedos,*
> *seja gracioso o agradecer.*

Quando chega, o dom verdadeiro é sempre imerecido e inesperado. Nele se funda a novidade absoluta de cada ato de amor, que nunca se pode repetir ou experimentar como algo já vivido, e cujo nascimento sempre renovado dá lugar à "eternidade", à indissolubilidade e à impossibilidade de desilusão do laço amoroso interpessoal, expressão e revelação da admirável liberdade do ser espiritual que é o homem.

E como o dom genuíno nunca pode ser "pago" ou "correspondido", a gratidão que ele desperta é "eterna" por sua própria natureza. O "para sempre" da gratidão autêntica explica por que tantas pessoas evitam com sumo empenho terem de agradecer o que quer que seja: pressentem que nunca poderiam desembaraçar-se da gratidão, e sempre tem assustado os mortais aquilo que é eterno.

Os jovens são famosos por sua peculiar "ingratidão", devida à sua repulsa por tudo o que não é merecido ou ganho pelas próprias mãos. São ainda excessivamente inexperientes e orgulhosos demais para saberem que neste mundo vivemos todos do apoio dos outros, que todo viver é *con-viver*, que toda existência é *coexistência*.

Por tudo isso, e ainda que pareça singular, a gratidão é uma das atitudes fundamentais da vida, da vida que, por si só, é já puro dom: não só a vida, mas o ser. "Que é que possuis que não tenhas recebido?", exclamava São Paulo (1 Cor 4, 7). Somos, na realidade, centelhas "inúteis" da glória de Deus, como "inútil" é a beleza. Esse o motivo por que o cristão diz na Missa: "Nós Vos damos graças, Deus onipotente, por *vossa* imensa glória"; estamos aqui unicamente para refletir, para irradiar misteriosamente a sua beleza incorruptível.

Sempre haverá gente disposta a maldizer a existência: são as pessoas que declaram ter apenas vivido experiências negativas. Mas, prescindindo do fato de que muitos homens se despenham literalmente no abismo da infelicidade, sem o quererem, é claro, mas de modo muito real — porque já desde a infância viveram debaixo do terror de cair nele, e cresceram como escravos de um fatalismo imaginário, mas psicologicamente eficacíssimo —, todos devíamos aprender com o passar do tempo que, se neste mundo há sombras, é rotundamente porque a luz existe e resplandece: a inegável coexistência com o mal, em mim e nos outros, no instante e na história, está mais prenhe de esperança que de presságios negros.

Viver significa passar do nada para o ser, isto é, aspirar à posse de uma série de possibilidades existenciais, certamente limitada, mas relativamente grande. Dor e ventura são apenas cores diversas do amor que nos chamou à vida e nos *re-cria* a cada instante. Cumpre recebê-las, portanto, com gratidão, pelas possibilidades que contêm e oferecem à fortuna de cada um.

"Tudo o que sucede é adorável", escreveu Léon Bloy; e aquela amável figura feminina que é protagonista de *A alegria*, de Bernanos, repete quase o mesmo com palavras comoventes: "Tudo recebo das mãos de Deus, como na minha infância, aos sábados, recebia as notas da escola, dizendo para comigo: salvei-me mais uma vez". Mais singelamente ainda, encontramos o mesmo sentimento na antiga canção francesa interpretada por Jacqueline François:

GRATIDÃO

> *Eu, de mim, não tenho nada;*
> *tudo me deste tu:*
> *a alegria de viver,*
> *a de amar e ser amado.*
> *De modo que o que sucede*
> *é o que tem que suceder:*
> *mil vezes muito obrigado.*

Mais superficiais do que os textos das canções ligeiras são, em todo o caso, o rancor e a desesperança, por muito sérios e carrancudos que se mostrem. É preciso desmascarar definitivamente a miopia e a frivolidade dos misantropos e dos desconfiados; o que aqui nos interessa, porém, é sublinhar que a gratidão se situa na ribeira oposta a todas essas atitudes negras, que o são por falta de realismo.

Gratidão significa abrir os olhos perante o leque multicor das possibilidades vitais que se oferecem a todos; denota capacidade de ajustar-se ao ritmo misterioso do governo universal e, assim, tomar parte ativa na contínua criação divina. A gratidão é confiança no presente e esperança no futuro: uma atitude briosa e festiva, à espera de dons de amor sempre novos, inesperados e até contraditórios.

A verdadeira gratidão, como a esperança de Gabriel Marcel, refere-se ao que não depende de nós e, como diz noutra passagem o mesmo filósofo e autor dramático, só se pode agradecer na primeira pessoa do plural: dar graças em nome de todos, como ato que, de certa maneira, abraça toda a comunidade humana, isto é, todos os que compartilham a minha arriscada aventura existencial.

Natal e Ano-novo, como revelação da vitalidade divina transcendente e descendente, são os maiores e mais generosos dons que o homem recebeu e pode receber. Quantas vezes, nessas datas, se diz "muito obrigado", mas entre afetações e modos formalistas. A íntima atitude de agradecimento, referida não aos que nos gratificam com as suas gorjetas, mais ou menos abundantes, mas à própria Vida, ao mundo e a Deus, que se mete na nossa carne de humildade, seria a melhor premissa da paz tão desejada entre os homens e entre os homens e Deus.

Fora deste recinto tão humano e tão sagrado da gratidão, vai-se sem cessar no encalço de ilusões e desilusões, de idealismos e materialismos frenéticos, de cobiças e mesquinharias. Quem não vive agradecido ou expulsou de si o dom de Deus, instalando-se na angústia, ou não vislumbrou ainda a divina beleza que se oculta em sua existência; é cego e desgraçado. Basta ao homem consciente ser agradecido para conservar o dom da sua vida na sua limpa integridade e desenvolver as suas capacidades: nada se lhe torna estéril, nada de torcido lhe cresce entre as mãos.

Todas as virtudes brotam deste húmus modestíssimo da gratidão com um frescor e uma submissa intrepidez que lhes garantem a autenticidade, evitando ao mesmo tempo a cãibra belicosa e a exibição ostentosa do voluntarismo. Cada respiro é agradecimento que se transforma em prece.

Quem conserva ainda em nosso tempo essa infatigável atitude agradecida? Dos dez leprosos curados por Jesus Cristo, só um voltou atrás para lhe agradecer... e "era um samaritano" (Lc 17, 16). História mais que surrada: só os humildes, embora pecadores, sabem reconhecer a generosidade do dom recebido e só eles, portanto, se regalam com a gratidão.

Pedir e implorar é humano; mas ser agradecido, nos tempos bons e nos maus, é próprio tão somente dos melhores, dos realistas, dos mais sãos e sensíveis.

SERVIR

Servidor, servidora, respondem ainda em algumas regiões espanholas, quando se chama alguém pelo nome. *Servo suc*, diz o italiano do sul ao apresentar-se. Entre bávaros e austríacos, a expressão *servus!* é uma amável saudação... Porém, em nossa sociedade atual, quase ninguém deseja realmente adotar uma atitude de serviço.

Estamos efetivamente em face de um perigo cujas dimensões não se devem passar por alto. Algumas profissões, proverbialmente consideradas como puro serviço — enfermeiras, empregadas domésticas — desaparecem pouco a pouco em muitos países; e este lento agonizar ameaça de ruína não poucos esteios da nossa vida social. O homem do nosso tempo, preso ainda na estreiteza tormentosa de uma adolescência prolongada, resiste à adoção de uma atitude de serviço porque teme rebaixar-se, porque confunde serviço e escravidão, porque diviniza uma determinada concepção da liberdade.

O ser humano é, por essência, senhor e servo ao mesmo tempo: ninguém pode desempenhar um só destes papéis, rejeitando o outro, porque, além de ambos se unirem no âmago da pessoa, a realidade é que cada um deles se cifra no outro. As grandes figuras da humanidade são figuras de servidores. Servir era o título próprio da velha nobreza, que via em sua vida inteira um serviço à majestade real. "Ministro" significa, em sentido estrito, servo: servo do Estado, servo do culto. O Sumo Pontífice é *servus servorum Dei*, servo dos servos de Deus; os cristãos que morrem em odor de santidade chamam-se "servos de Deus"; e os próprios anjos são "servos, mensageiros da Majestade Divina".

O filho de Deus feito homem declarou, numa frase lapidar, o sentido da sua vida na terra: "o Filho do Homem veio não para ser servido, mas para servir" (Mt 20, 28), revelando com estas palavras o significado da vida de todos os homens: servir; servir a Deus e ao próximo.

Se uma pessoa se nega a servir, precipita-se no abismo da insignificância, afasta-se da realidade existencial e, assim, introduz-se na senda estreita que conduz à neurose. Só os servidores saboreiam a verdade e a profundeza da existência, que assim nunca carece de significado.

Neste grande teatro do mundo, como em todas as grandes obras dramáticas da literatura universal — desde a *comedia dell'arte* até Lope de Vega e Shakespeare, Molière e Nestroy —, os autênticos filósofos e conhecedores da vida são os servidores, ao passo que os senhores "oficiais" surgem quase sempre como escravos da ânsia de poder ou da vaidade mais pueril. Mesmo nas tragédias gregas mais tenebrosas, a alegria de viver chega-nos pela boca de um grande servo ou criado.

No fundo, todas as profissões são serviço ao próximo; e é precisamente isso que confere bondade e dignidade a todas as atividades profissionais.

Os chineses de Mao exaltaram em plena revolução cultural a importância e a dignidade das empregadas domésticas: a antiga tradição oriental do bom cuidado com a casa superou, no estado comunista mais feroz, os preconceitos "democráticos" ocidentais contra essa profissão.

SERVIR

O serviço doméstico, na época do trabalho feminino e da mecanização total, converte-se numa profissão cada vez mais necessária, altamente especializada, que requer uma sólida formação e exige em quem a exerce mais qualidades humanas do que muitos outros ofícios. O desmerecimento em que caiu esse trabalho profissional, e a sua progressiva extinção com as inevitáveis sequelas à arte do lar e à culinária doméstica, constitui um dos erros mais crassos da escala de valores dominantes na nossa cultura industrial e demagogicamente democrática.

Se se prescinde da inegável exploração a que historicamente esteve submetido o serviço doméstico — a escravidão mais prolongada, se bem que não a única, nem a pior —, nota-se, na atual repulsa por este digno mister de "servente", o preconceito geral contra toda a espécie de serviço, preconceito que acumula e reflete um sem--fim de mal-entendidos a respeito do conceito e do exercício da liberdade humana.

No plano das coisas humanas, ser "livre" significa ser incompleto, pobre, vazio ou não ocupado: ser livre é esperar de outro a plenitude, o significado, o desenvolvimento. Por outro lado, observa Gustave Thibon, a quem seguimos nestas considerações, o exercício da liberdade pressupõe sempre um limitar-se, um empobrecer-se: não se pode tomar mais do que um caminho entre muitos outros que, como é óbvio, se torna necessário sacrificar; escolher uma possibilidade significa renunciar a todas as restantes.

Poderia dizer-se que exercer a liberdade é matar a própria liberdade no exato momento da sua deliberação.

O apegar-se desesperadamente a uma disponibilidade absoluta traz consigo a renúncia a toda a decisão, isto é, a renúncia ao exercício da liberdade. "Amar uma mulher é renunciar ao infinito número de todas as outras", suspirava Gide romanticamente.

Mas, para eludir esta renúncia "a todas as outras", o homem deveria renunciar a qualquer decisão de amor, pois o amor, como a felicidade, quer ser "eterno", definitivo. Deveria renunciar a viver — que é sempre escolher — e desapareceria da terra toda a atividade, toda a iniciativa, toda a realização..., já que tudo isso implica na perda daquela sonhada disponibilidade ou abertura sem limites.

A liberdade é algo que deve ser sacrificado: nasce para morrer, para ser imolada. Tudo depende do nível em que pereça: embaixo, a escravidão; em cima, o amor. É mister decidir-se e escolher não só o cônjuge e a profissão, mas também a opinião, a ideia e o ideal. Com efeito, a decisão faz parte da honestidade intelectual, se não se quer confundir a liberdade com a falta de senso de responsabilidade. Aqui encontra a atual repulsa das ideologias o seu limite humano, o seu aspecto moral negativo. Toda liberdade genuína, que na personalidade madura vem unida à responsabilidade, é fruto da decisão de servir e atinge o seu máximo desenvolvimento e esplendor nas esferas vitais da fé e do amor.

Se já nos alvores da Criação o pecado consistiu em negar-se a servir — o *non serviam*, não servirei (cf. Jr 2, 20), de Lúcifer, que se precipita no inferno; o *eritis sicut dii*, sereis como deuses (cf. Gn 3, 5), dos nossos primeiros pais, expulsos do Paraíso —, também em cada um de nós toda a atitude egolátrica ou, quando menos, egocêntrica, é a raiz do pecado pessoal e de qualquer encolhimento existencial neurótico. Servir por amor é, em contrapartida, "salvação da alma", *salus!*[1]; e aqui coincidem a pastoral e a psicoterapia ou, como dizem os alemães, a *Seelenheil-Kunde* e a *Seelen-Heilkunde* (ciência da salvação das almas e ciência médica das almas).

O amor pressupõe liberdade, mas aspira a um serviço desinteressado. Quem ama, toma imediatamente uma decidida atitude de serviço, que tem sido designada, frequente e poeticamente, pelo nome de escravidão: ninguém quer libertar-se da pessoa amada, mas servi-la; e este serviço de amor é precisamente o que revela a mais alta e satisfatória liberdade. "Louco, quero fazer-te uma pergunta: o que é o amor? E o louco respondeu: Amor é aquilo que torna escravos os livres e livres os escravos. E não se sabe em que consiste essencialmente o amor, se nesta escravidão, se nesta liberdade" (Raimundo Lúlio).

Sempre haverá homens que apenas amem coisas ou pessoas "coisificadas", convertendo-se infalivelmente em autênticos escravos delas: escravos da matéria, do dinheiro, do sexo, dos seus interesses mesquinhos, da sua paixão dominante. A escravidão anula o diálogo entre o *tu* e o *eu*, pois reduz o *tu* a um objeto (M. Buber). Há também escravos de uma doutrina, de um trabalho, de um partido, de um mito... que nunca chegarão a ser livres, porquanto não amam pessoas, mas coisas ou abstrações.

A liberdade genuína só nasce onde reina o amor entre pessoa e pessoa. O amor, onde quer que apareça, reveste-

---
1   *Salus* significa, em latim, salvação e saúde.

-se invariavelmente da forma do serviço, obrigatório e vinculador, se bem que simultaneamente como libertação do egoísmo, da presunção e da desmedida autossuficiência. O *eu* só se realiza na radicalidade do amor (E. Przywara): glória na cruz, como o foi para o Filho de Deus, que por amor ao homem não só desceu dos céus, mas também adotou a *condição de escravo* (cf. Fl 2, 7) e morreu numa cruz para nos libertar da nossa autonomia asfixiante. Só os autênticos senhores conhecem o valor daquilo a que se chama servir; e só os servidores sinceros chegam a ter uma vida verdadeiramente senhoril e uma verdadeira liberdade humana.

Pelo contrário, seria hipocrisia fazer-se de servidor para ter a faca e o queijo na mão, isto é, para dominar de maneira dissimulada. Há tantas maneiras de acorrentar o próximo: com a violência e com a doçura, com a carícia e com o desdém; com a timidez cativante e com a prepotência fanfarrona; com a luta aberta e com a exibição comovente da própria fraqueza. Tudo pode converter-se em artimanha para amordaçar o próximo.

A velha e depravada arte de agradar a si mesmo fingindo servir os outros conhece mil truques e trapaceiros audazes. Eckhardt, o inflamado místico alemão, escreveu certa vez, com sua fabulosa drasticidade: "Há cristãos que tratam a Deus como se fosse a sua vaca leiteira". Há servidores que, antes de mais nada, querem fazer-se servir, como aquelas conhecidas e tristes figuras de certos "políticos cristãos", que fazem alarde do seu serviço à Igreja — especialmente durante a campanha eleitoral — para garantirem os primeiros postos à mesa do poder, por meio dos votos dos... devotos.

Esses falsos servidores nunca gozarão da liberdade autêntica: as "estrelas" do teatro, do cinema ou da política dependem totalmente dos humores e caprichos do público e da imprensa; não podem viver sem os aplausos dos seus "fãs" e ficam sem trabalho se a massa os deixa de idolatrar. Os mercadores de escravos fazem-se por sua vez escravos do seu próprio negócio, dos seus próprios escravos... dominadores.

Assim, não nos podemos deixar enganar pelos meros "atos de serviço". O que vale é apenas o espírito de serviço, a íntima e sempre atual disposição de servir. Espírito de serviço que, não repudiando altaneiramente a reciprocidade agradecida, não fica condicionado pela gratidão. Repugna-lhe toda a tagarelice, toda a presunção, toda a publicidade ruidosa e até todo e qualquer excesso de beneficência deslumbrante.

Interessa-lhe apenas ser útil, servir com precisão e pontualidade: silhar escondido, fina agulha que entretece o pano, pilar de cimento ou elegante arcada sutilíssima — tudo isso, tanto lhe faz. Cada um tem as suas próprias e insubstituíveis possibilidades, a sua personalíssima tarefa de serviço na sociedade. Todos os serviços são necessários, e todos são valiosos se a nossa mira for realmente o bem dos outros e, um dia e outro dia, procurarmos lançar de nós generosamente o lastro de egoísmo que trazemos às costas desde o berço. Por fim, encontraremos um presente divino inesperado: a alegria, esse distintivo infalível de todo o serviço verdadeiro.

CANSAÇO

Aos numerosos obesos desta época de bem-estar atribuem-lhes jovialidade, calor afetivo e alegria de viver; e se é verdade que amiúde os veem cansados, assacam-no ao peso físico que têm que suportar. No entanto, a nenhum bom "adivinho do coração" passa despercebido que a generosidade, a franqueza e a magnanimidade dessas personalidades raramente ultrapassam as fronteiras da superficialidade e dos interesses mais materiais: a esfera das relações estritamente pessoais está neles vazia, e o cansaço provém mais da pobreza da alma do que da exuberância do corpo.

Os não raros tipos de "trabalhadores da inteligência", dominados por acessos de gula indomável, não são decerto, como os anteriores, "almas astênicas"; mas a sua atitude fundamental orienta-se igualmente em sentido terrestre e pedestre, enquanto toda a sua existência e todas as relações com o mundo giram em torno de uma paixão única: a de assimilar, incorporar, assenhorear-se de todas as coisas. A sua corporeidade adapta-se a este modo de ser e de estar no mundo.

Também aqui, por conseguinte, encontramos um viver estrangulado por uma retratação espiritual egocêntrica. Outros retraimentos vitais ou depressões se devem à desilusão da urgência amorosa, ao desânimo quanto ao desenvolvimento das possibilidades pessoais, à capitulação ou, pelo menos, ao cerceamento dos ideais de vida, ou ao desmoronamento amargo de projetos existenciais muito acariciados.

Essa desafinação enfermiça da melodia vital provoca um estreitamento tão pronunciado da relação com o mundo que se reduz à invencível necessidade de comer, de consumir, necessidade que conduz à obesidade muitos desses deprimidos. Mal conseguem expandir a sua existência, encetando uma autêntica e dedicada relação com o próximo ou arcando com uma tarefa para servirem valores espirituais e pessoais, e o seu panículo adiposo começa a derreter-se como manteiga ao sol do meio-dia (Boss).

Ainda que nem todas as obesidades pressuponham semelhante limitação anímica, embora nem todos os cansaços denunciem um estado de indigência ou astenia de espírito, o fato é que não poucas insuficiências humanas tentam hoje em dia disfarçar-se com o respeitável manto do esgotamento físico ou, mais decorosamente ainda, do "esgotamento nervoso".

Na época da rentabilidade e da concorrência, a timidez, a indecisão, o medo, a fraqueza e até a doença são coisas de que uma pessoa deveria envergonhar-se. O "esgotamento" e o "cansaço", pelo contrário, detêm um prestígio e uma dignidade indiscutíveis, pois, na sua linguagem orgânica, expressiva e cativante, sussurram: "Vejam como tenho trabalhado!". Chamam a atenção e justificam, perante si mesmos e perante a sociedade, um desembaraçado deixar--se servir e tratar pelos outros.

O "histerismo", segundo uma opinião difundida, não é senão simulação, comédia, arteiro recurso para conquistar mimos e ternuras: está mal conceituado, foi desmascarado... até mesmo pela psicologia das revistas ilustradas. Mas se alguém, pelo contrário, se dá por "esgotado", por vítima de uma "crise neurovegetativa", já não se expõe a esse perigo; pode descansar sossegado sobre os seus louros secos, pois sabe-se que o mundo do trabalho é cruel, sem coração, enervante; porque o nosso tempo, velocíssimo e alucinante, nos torna hipertensos, nos suga o sangue qual vampiro insaciável. Por conseguinte, segundo uma versão tácita e geralmente aceita, o "esgotamento nervoso" significaria isto: "O herói está cansado. Tiremos-lhe o chapéu!".

Na realidade, as coisas são diferentes. Notemos, mais uma vez, que o homem moderno, que nasce e morre na clínica, como maliciosamente observou Musil, tem com o próprio corpo uma relação frequentemente errônea. Em noventa e nove por cento dos casos foi, em pequeno, mimado pela mãe, empanturrado de alimentos "sãos" e "ricos em vitaminas", encaminhado para um terror pânico em face de qualquer "frustração", dor ou mal-estar, ensinado a exigir da medicina uma força que de modo nenhum sabe administrar, e a esforçar-se por eliminar a todo o custo qualquer "complicação", mediante a satisfação imediata dos seus instintos mais elementares, com medo de perder o seu "são equilíbrio" de... menino mimado: desafoga a sua sensualidade, mas rejeita o sentimento e a dedicação sem reservas do amor verdadeiro; dá rédea solta à sua fúria possessiva e repudia todo o serviço e toda a solidariedade.

E como, no meio da maquinaria competitiva da nossa sociedade de consumo se vê obrigado a oferecer sempre brilhantes prestações, a render sem parar, a fim de se manter e de acrescentar o seu prestígio à força de eficácia e de êxito, que alívio sente quando o seu "cansaço interior" se "corporaliza" e, sob o distinto título de "esgotamento", torna-se "apresentável", permitindo-lhe abandonar a luta! Os médicos falarão de "excesso de trabalho", de "stress", evitando escrupulosamente termos tais como: hipocondria, neurastenia, histeria, angústia vital, neurose; e, por terapia, eis o que lhe hão de prescrever: repouso.

Mas o repouso não é nenhuma terapia: pode, quando muito, oferecer uma agradável e transitória alternativa, um honroso afastamento do campo de batalha e, mediante um benquisto mergulho no narcisismo, provoca até certo aturdimento que, de resto, não exclui a comodidade, nem a divagação, nem a indolência..., brindadas abundantemente por tantas casas de saúde, balneários etc. Mas tudo isto nem sequer chega ainda a roçar a forma de vida equívoca e mórbida, a atitude errônea do "ser esgotado". Estimulantes, dietas, águas termais e outras amenidades da nossa mitologia sanitária, todas têm, sob esse decisivo ponto de vista, a mesma eficácia — isto é, nenhuma.

O cansaço "normal", psicofísico, pede e torna possível um sono tranquilo, regular e reparador. Compensam-no suficientemente o descanso dominical e as férias anuais. Mas se alguém, em vez de simplesmente querer servir e ganhar a vida, quer acima de tudo afirmar-se, fazer-se valer — "Vou mostrar quem sou!", "Todos hão de reconhecer que eu tinha razão!", "Assim finalmente me deixarão em paz!", "Vocês vão ver que nunca me deram o devido valor!" etc. —, de modo que o trabalho se converte em homenagem ao idolatrado, então a tensão devora-lhe a interioridade, o esforço desenvolvido tem de aumentar progressivamente, e chega fatalmente o dia em que o grande recordista se esgota e se vê obrigado a considerar o esgotamento como coroa e última prova do seu próprio valor.

Um estudante prepara um exame. Emotivo e imaturo, trabalha ansiosamente, pois o que deseja é talvez apenas conseguir a superação dos seus sentimentos de inferioridade ou, simplesmente, evitar um malogro; quer dizer, trabalha por motivações imediatas negativas e egocêntricas; descobre que tem de estudar muitas coisas que tem na conta de inúteis para o seu futuro profissional: trabalha num estado de íntima ansiedade e, portanto, cansa-se. Dir-se-á talvez que, por amor ao fim, deve suportar os meios que ao fim conduzem. Mas isso de "suportar" é precisamente o que a pouco e pouco se lhe torna "insuportável": cai no "esgotamento".

É preciso usar de cautela com esses homens que, dando-se ares de força e coragem para suportar os aborrecidos "meios" que têm entre as mãos, se obrigam a pôr "elevados fins" diante dos olhos, a estimular-se com "pensamentos sublimes". O operário que executa um trabalho estereotipado, mecânico, não deve "consolar-se", "animar-se" ou "aliviar--se" recorrendo a ideias requintadas — o bem da família, o serviço à humanidade, à vontade de Deus etc. — para, com esse artifício, conseguir aguentar e até deixar de sentir a monotonia das suas ações. Esse estratagema provavelmente só o fará distrair-se, dividir o espírito ou, quando muito, "dopar-se" (religião: ópio do povo).

Os fins verdadeiramente elevados, as intenções autenticamente retas — se realmente se dão — comunicam a sua própria luz aos meios, de modo que estes já não são meios, mas esboços do fim. Cada movimento da mão se carrega então de significado, perde monotonia e converte o amor ao fim em amor aos meios, cujas qualidades mais íntimas e ocultas se revelam; e, de certa maneira, o caminho é vivenciado como meta. Tudo o que faz um bom estudante, mesmo o mais modesto exercício de memória, é vivenciado finalisticamente, de modo que a sua atenção, a sua imaginação e os seus sentidos se concentram "incansavelmente" no fim desejado. Santa Teresa, quando lavava a baixela do seu convento, não estava com a cabeça no céu, mas em seu trabalho, porque aprendera a "encontrar a Deus no meio das panelas". E é necessário dizer também que as deve ter lavado às mil maravilhas...

Nenhum trabalho, por mais duro que seja, deve ser simplesmente suportado. Quem trabalha generosamente, desprendido de si mesmo, sempre consegue descansar e dormir sem dificuldades, porque, no fundo, faz sempre o que realmente lhe agrada.

Em compensação, o homem egocêntrico tem de se dominar continuamente e parece-se com um oficial que comanda um pelotão de legionários estrangeiros: receia sempre que desertem ou que fujam. Aquele que, pelo contrário, com um só amor ama fim e meios, assemelha-se a um oficial que comanda uma formação de compatriotas em defesa da pátria comum: pode fiar-se na sua gente e... dormir sossegado.

A insônia característica dos "doentes de estafa" deve-se à desconfiança que sentem para com a sua própria natureza e para com a dos outros. O incessante autodomínio

CANSAÇO

impede-lhes a descontração da alma e dos músculos, a trégua do pensamento e o ritmo normal do coração. Não é de estranhar que o sono lhes seja superficial, tão leve que o menor ruído o interrompe, e que, vítimas de semelhante crispação, esses seres se levantem todos os dias completamente exaustos. A sua atitude noturna não é de repouso, mas de alerta. Mudar de trabalho, nessas crises, não serve para nada, porquanto a única coisa a mudar aí é a atitude de fundo dessas existências hipertensas.

O mínimo necessário de sono varia de pessoa para pessoa; em todo o caso, o que é decisivo nesta matéria não é bem o quanto, mas o como. A qualidade do sono deriva da relação entre a sua profundidade e a sua duração, mas é preciso ter em conta que a primeira atinge o seu ponto álgido em diversas fases do descanso, consoante os indivíduos. Os intelectuais, por exemplo, assim como — sem malícia o dizemos — os neuróticos, só chegam a dormir profundamente de madrugada, de maneira que, se nessa fase perdem uma única hora de sono, levantam-se com a sensação de não terem dormido nada. Outros, como os trabalhadores manuais, não sofrem nada com isso, porque já antes da meia-noite consumiram abundantemente a necessária ração de sono cotidiano. Em geral, pode-se afirmar que todas as pessoas têm a capacidade de conciliar a quantidade de sono de que precisam, contanto que saibam libertar-se de toda a espécie de tensões.

Cansaço significa quase sempre angústia, desânimo, náusea, tédio ou impaciência, quer dizer, tensão de natureza egocêntrica, por causa de um encolhimento existencial, provocado por sua vez pela ausência de possibilidades vitais e, particularmente, pela ausência da capacidade de amar-se a si mesmo, de amar o mundo, o próximo, o trabalho etc.

Quando uma pessoa leva uma vida desordenada, quando a sua existência carece de uma forma significativa clara, e nas suas ideias ou na sua atividade tudo é turvo, impreciso e sem coerência, a vida inteira, bem como seus momentos singulares, afigura-se-lhe desagradável e viscosa; e essa viscosidade origina desgosto, repulsa..., fadiga inexprimível.

Se, por outro lado, o estilo de vida tomou uma forma rígida, quadrada, que o coração — cheio de nostalgias e inquietações — secretamente repudia, tudo parece vazio, sem sentido, enfadonho: o aborrecimento inunda toda a existência; cada ação, o trabalho mais simples, requer um esforço extraordinário, e pouco a pouco o cansaço invade todos os refolhos da pessoa: a vitalidade estanca-se porque o espírito, em consequência da convulsa conservação das formas sociais admitidas, ausentou-se, dir-se-ia, volatilizado.

É essa a antiga "acídia" dos monges "sem espírito" ou possuídos do "espírito de tristeza", chamado *athumia*, que, segundo Santa Teresa, tem um poder particularmente fatigante, deprimente. Uma lassidão semelhante é a que aparece na *sensibilité*, de Rousseau, no *spleen*, de Lord Byron, no *mal du siècle*, de Lamartine, no "pessimismo" de Flaubert, na "neurastenia" de Ibsen e Tolstói, na "melancolia" de Chateaubriand, que não passam de *une parade contre la douleur*: um alarde para espantar a dor (Lemaître).

Com isto, amerissamos naquela angústia sem praias que penetrava a medula do cansaço: a chamada angústia vital, que não é senão medo da vida. Toda a atividade que, por qualquer motivo, nos atemoriza, dá lugar à sensação do esforço inexprimível, do cansaço demolidor, do esgotamento. Que este esgotamento carece de base orgânica, verifica-o o médico facilmente, mas deve-se saber que a angústia transtorna não poucas funções internas e externas — a atividade profissional também — e, dessa maneira, se "corporaliza", "realizando-se na esfera biológica".

Nesse caso, põe-se em andamento um círculo vicioso característico: a angústia provoca alteração de funções; esta provoca, por sua vez, maior angústia; e esta, finalmente, originará ainda mais profundos transtornos funcionais: é o conjunto que se vivencia como "esgotamento".

O grau de consciência que se tem desta situação varia de pessoa para pessoa; mas, em geral, um certo pundonor impede de reconhecer a realidade e contenta-se com o "nobre" esgotamento, às vezes com o simples recurso à compaixão, que satisfaz provisoriamente uma desviada necessidade de afeto: "Deveis amar-me, porque estou esgotado e desvalido". Karen Horney notou, com perspicácia, que a dor, aqui, se converte em direito a pretensões desmedidas: a fraqueza triunfa.

Nesta angústia vital descobriu Kierkegaard uma mescla de atenção desmesurada e de repulsa, que denominou "antipatia simpatética" ou "simpatia antipatética", uma espécie de descoroçoamento perante os fins da vida, uma rejeição inconfessada de uma tarefa inautêntica e, não obstante, absorvente e esgotante.

A apatia, a preguiça, a impaciência, a espera ansiosa, o cansaço e o desalento, não raro em estreita coligação, oferecem a desculpa para evitar decisões que poderiam comprometer o prestígio do *indivíduo: resolver-se a estudar com seriedade, fazer um exame perigoso, realizar um trabalho profundo, casar-se etc.*

Esses estados de ânimo, essas situações de "esgotamento" levantam, com inconsciente arteirice entre o adorado eu e as suas decisões arriscadas, uma barreira de mal-estar ou, como diria Adler, "um monte de esterco"; e, assim, o indivíduo afasta-se da vanguarda da vida. Se o estudante, por exemplo, apesar de tudo, vai prestar exame e se sai bem, exigirá que o festejem como um herói; e, se se sai mal, tem já pronto o álibi: sofria de estafa. Bastaria os estudantes poderem trabalhar sem angústia que nunca se "esgotariam", pois não é o trabalho o inimigo da vida, mas a angústia.

Só um saneamento radical da atitude básica e uma adoção realista do espírito de serviço permitem detectar e realizar as possibilidades vitais de cada um e, indiretamente, evitar a fadiga. Com efeito, para citar mais uma vez o fundador da psicologia individual, "é muito diferente a atitude daquele que verdadeiramente se dá, que pensa mais nos outros do que em si mesmo e, portanto, goza de um equilíbrio psíquico".

Ele sente a alegria de viver, nada o oprime; e trabalha com satisfação. Morrerá como todos os outros, mas jamais exibirá o seu cansaço e talvez sequer o venha a notar. Em sua dedicação ao próximo aprende a esperar sem desassossego febril, a ter paciência em todas as tarefas, a aceitar a realidade de maneira dinâmica e sadia.

O ÊXITO

Não sem surpresa, chega de vez em quando ao nosso conhecimento que atentaram contra a própria vida homens e mulheres a quem a sorte, dir-se-ia, havia sorrido. Personagens mundialmente conhecidos, que se destacavam nos mais diversos campos da sociedade, da cultura ou do esporte, e que, pelo visto, teriam podido dormir serenamente sobre os louros conquistados, mostram-se de repente arrochados pela mais negra melancolia e, sem mais nem para quê, voltam as costas ao grande teatro do mundo. Que Deus ou que *daimon*, que "espírito" tão misterioso será o êxito, que devora sem piedade os próprios filhos?

Seja como for, ambicionamo-lo e vamos todos impetuosamente no seu encalço. Desde a infância, sonhamos com ele sem parar. Fomos educados, mais ou menos explicitamente, para esta adoração incondicionada do êxito. Os pais pretendem que os filhos atinjam o mais rápido possível as mais altas metas vitais — segundo a *sua* escala de valores, é claro — e manifestam descontentamento, irritação e até desolação quando um filho se mostra inclinado para o jogo, para as atividades criativas ou para a "ociosa fantasia", em vez de queimar as pestanas no estudo, nos negócios do pai ou nos ideais da mãe.

Confundem-se felicidade e realização do ser com o brilho do êxito. Fomenta-se a fé — supersticiosa — na coincidência do bem com o triunfo. E não se trata apenas de egoísmo paterno ou materno; trata-se sobretudo da teimosia burguesa, de um voluntarismo tão cego como carregado de boas intenções. Neste contexto, desilusão e fracasso significam dor por simplificação, não tanto pelo bem inalcançado como pelo despeito em face de uma realidade que não se deixa plasmar por anelos e projetos pessoais.

O que se entende por "êxito" depende da educação recebida e da escala de valores dominante em cada grupo social. A meninota frívola o mede pelo assovio admirado do galanteador ocasional; o ator, da duração dos aplausos, no final da sua atuação; o escritor, da tiragem dos seus livros; o comerciante, do ganho angariado; a estrela de cinema, do tamanho das letras com que lhe escrevem o nome nos cartazes; o general, da rapidez com que as suas tropas derrotam o inimigo; o esportista, dos segundos ou décimos de segundo que o separam dos seus competidores... O êxito pode-se perfeitamente medir e registrar; circunscreve-o uma estrita matemática.

O êxito ama a quem o ama e afasta-se desdenhoso dos que se afligem excessivamente por causa das feridas com que o destino os fere e veem por toda a parte perigos e ciladas. O otimismo prepara o êxito, ao passo que o medo e os sentimentos de inferioridade conduzem quase que fatalmente ao fracasso.

Por sua vez, é o êxito um dos tônicos mais eficazes. Mas não nos podemos deixar enganar: é demasiado mensurável e calculável para atingir o nível do que é cabalmente humano. É precisamente a sua mensurabilidade que o coloca num plano extremamente ambíguo. Muitos veem nele um índice inequívoco do talento, da inspiração, da diligência e até da virtude...; mas, na realidade, nenhuma dessas coisas pode exprimir-se e verificar-se em termos matemáticos. O êxito ancora-se necessariamente na temporalidade, na fragilidade de tudo o que é essencialmente intramundano.

A felicidade, portanto, não pode coincidir com o êxito: o êxito é história, indício de um começo, ao passo que a felicidade tem sempre um caráter de fim; o êxito é sempre episódico, a felicidade é um passo que franqueia os umbrais do tempo e se introduz na eternidade, como que participando nela antecipadamente (J. Pieper).

É tão inebriante o vinho do êxito que facilmente embriaga, desata a paixão e intoxica, isto é, conduz à absolutização do seu valor, em si tão modesto. O homem de êxito empreende muitas coisas, mas compreende muito poucas, submerso como está nas névoas espessas da sua embriaguez. Quer eternizar momentos marcantes da existência, mas bloqueia a verdadeira vida do espírito. Reclama constantemente aprovação e admiração, vive dos rendimentos do passado, imita-se a si mesmo sem fim e adora o fetiche da própria fama. Não conhece a autocrítica e mumifica-se pouco a pouco: o sorriso satisfeito, seguro e vazio, dos triunfadores — políticos, artistas, esportistas, beldades de concurso etc. — é o esgar da idiotice em que muito amiúde o êxito se estanca. A megalomania constitui com frequência, mesmo entre ambições de certa altura, a porta de acesso à mais penosa demência.

O espírito de competição, que caracteriza a nossa civilização ocidental, fomenta, segundo Karen Horney, a ânsia de se avantajar aos outros, custe o que custar, de modo que a atitude de muitos homens do nosso tempo se assemelha à dos jóqueis nas corridas de cavalos: "Só nos interessa chegar antes dos outros".

Esta postura tão simplista conduz inevitavelmente à perda, ou pelo menos à diminuição, do interesse pelas coisas em si: assim, o que importa, mais do que o sentido de uma atividade, é o sucesso, a eficácia e o prestígio que ela possa proporcionar. Deste húmus peçonhento se alimentam toda a espécie de comportamentos extravagantes, "originais", insólitos, insolentes e cínicos, unicamente devotos e prosternados perante o ídolo do êxito clamoroso.

Os ávidos de sucesso são, no fundo, gente débil, a quem o êxito se afigura como a única solução para os seus problemas vitais. O gênio verdadeiro, o espírito autêntico, a virtude e o valor genuínos não têm, com efeito, nenhuma necessidade do êxito. Poderia afirmar-se que, no âmbito histórico da relatividade e da temporalidade, o bem e os valores humanos mais altos se revelam particularmente "astênicos" e incapazes de se impor. Os impulsos mais primitivos prevalecem sem nenhum esforço; a saúde e a beleza, é preciso cuidar delas constantemente; mas a verdade sobrevive "acatarrada e até muda", como dizia Gracián, entre mil contradições, e o amor exige ordinariamente sacrifícios consideráveis.

Crianças e criançolas não o notam, porque se aferram ao mundo com as armas embotadas do "pensamento mágico": para eles, o que é bom devia ser forçosamente poderoso, com uma fortaleza física perfeitamente mensurável; o que é honesto devia coincidir com a riqueza e a boa fama; e a pureza de vida, fazer-se acompanhar de robusta saúde e veneração universal. O homem maduro e ajuizado conhece o abismo que separa entre si estes valores e chega a esconder o seu tesouro, não vá corrompê-lo a vaidade e o mundanal ruído.

O verdadeiro amor à vida, ao mundo, aos homens e às coisas aprende muito cedo a menosprezar o triunfo ou, caso não se verifique, a aceitar o fracasso com elegante ironia: não é humildade farisaica nem ciumeira egocêntrica, mas simplesmente realismo que salva os valores da armadilha narcisista. "Se algum dia, Senhor, eu tiver êxito, fazei com que ele não me dê nenhum prazer", rezava, no seu diário, o "filósofo da ação" Maurice Blondel.

A personalidade madura sabe, além disso, que o fracasso, a desdita e a dor pertencem essencialmente à vida do homem na terra, que é sempre vida de "homem penalizado" (Ungaretti). Só a experiência vivida logra em cada caso patentear o aspecto positivo da falta de êxito, mostrando a limitação das nossas possibilidades, a necessidade de apoio mútuo, a humanidade da compreensão e do perdão, o caráter exterior e casual de muitos triunfos brilhantíssimos, o inefável de muitas situações decisivas.

Frustração, doença, desilusão, infortúnio e descalabro trazem consigo em embrião uma infinidade de capacidades humanas desconhecidas, sobre as quais não poucos espíritos pacientes e arrojados souberam edificar o melhor das suas vidas. "Há uma ventura luminosa e uma ventura escura; mas o homem incapaz de saborear a escura também não é capaz de saborear a luminosa" (Gertrud von Le Fort).

O maior fracasso da história — a morte do Filho de Deus na cruz, entre dois ladrões, escândalo e loucura para a mundanal sabedoria — converteu-se em coluna do mundo, em esperança e salvação de toda a humanidade. No entanto, pulula ainda em não poucas sacristias pós-constantinianas a diabólica idolatria do êxito: quem, como missionário ou apóstolo, o consegue, é tido por bom; quem, pelo contrário, traga o pão amargo da solidão e da incompreensão, é considerado inepto e "alienado", ou tem-se por privado do carisma divino. Acaso não é a cruz, hoje e sempre, o único sinal da vitória cristã?

Essa vitória, não obstante, atinge-se a cem léguas de distância da carícia do êxito, da glorificação do puro esforço, que culmina na triste autocomplacência do *Sísifo* de Camus. "O que interessa é apenas o compromisso absoluto", escreveu Sartre na areia morta do seu romântico desespero, a que parecem corresponder hoje em dia, e com notável atraso, certas "pastorais sem zelo", atentas unicamente ao compromisso sociopolítico. O verdadeiro *engagement* implica sempre esperança, embora o seu cumprimento permaneça às vezes escondido e só a fé mais noturna o possa captar.

O recôndito significado do fracasso, da desventura e da dor só se nos revelará quando, como dizia Jó, virmos o rosto de Deus. Aqui e agora, compete-nos ir ao encontro desse mistério com reverência infinita, sem nos deixarmos oprimir por tantas angústias neuróticas e tantos abatimentos no plano mensurável dos êxitos temporais.

```
Ensina-nos a comprometer-nos
e a não nos comprometermos.
Ensina-nos o sossego,
mesmo nesta rocha.
Nella Sua volontade è nostra pace
```
T. S. Eliot

A DANÇA

À vista da periódica reedição dos bailes de carnaval, que nalgumas regiões e cidades do mundo chegam ao cume do mais perfeito formalismo, impõe-se uma indagação sobre o porquê desta limitação do alvoroço a duas semanas por ano.

Numa época de incalculáveis mudanças como a nossa, assusta verificar que o que há de mais frívolo em si seja precisamente o mais rígido e conservador que se possa imaginar. Exatidão teutônica e míope provincianismo andam aqui de braços dados para manter inalterada essa liturgia profana do carnaval, que já quase nada tem de genuíno.

E torna-se verdadeiramente curioso observar como a juventude, numa ocasião destas, tão discutível, mostra-se submissa ao ritualismo dominante, insípido e acartonado, sem assomo de protesto. Privados de senso do ridículo, sem o menor espírito crítico, passeiam um rosto esvaído que, na atmosfera de alegria artificial de um entrudo pontilhosamente organizado, destila vazio por todos os poros.

Industriais obesos e aprendizes de sindicato, policiais e bombeiros, cabeleireiras e filhas de Maria — todos se agitam e mobilizam para concertar o folguedo oficial dos seus respectivos grêmios que, por pura e simples "organização", degeneram fatalmente em mais um produto de consumo, sem vida nem surpresa.

Tratar-se-á aqui da breve ração de alegria que os dirigentes mais ou menos oficiais da nossa sociedade lhe concedem, para que não se subleve contra a falsa seriedade das suas férreas estruturas utilitaristas? Não se tratará antes da exploração das ânsias de prazer de um mundo cristão que, às vésperas do rigoroso tempo quaresmal, se exalta e se empina? (Mas... quem pensa nisso, nesta época de eclesiásticas branduras?) Será simplesmente mais um episódio da onda de erotismo desenfreado, denunciada pelos moralistas contemporâneos de todas as cores? Mas, afinal, não se dança também em circunstâncias que nada têm de erótico? E não mostra a dança, nesses casos, as suas melhores e mais variadas possibilidades expressivas?

Acaso se pode esquecer a noite em que terminou a guerra, quando a população inteira se lançou à rua e, entre abraços e beijos, com lágrimas nos rostos marcados pela fome e pela dor, começou pouco a pouco a dançar por praças e avenidas, como que arrebatada e enfeitiçada pela paz já derramada no ar de primavera? Nenhum cerimonial engomado, nenhuma conservação artificiosa de antigos usos, nenhum delírio sensual mexia os fios daquelas horas embriagantes. A dança enchia cidades e vilarejos como onda de gratidão, de felicidade largamente esperada, de autêntica prece talvez.

Passando por alto o aspecto picante do "o Congresso se diverte", será sempre uma norma social inquebrantável o fato de que os participantes em sérias reuniões científicas, econômicas e políticas, depois de uma fatigosa jornada de trabalho, entreguem-se ao regozijo do baile? Será que a dança tem para essas pessoas tão somente o modesto significado da distensão e do descanso?

Em todos os tempos dançaram príncipes e lavradores. Dança-se por pura satisfação, mas também em todas as esferas culturais se deram sempre danças guerreiras e danças fúnebres. Acaso se justifica vincular o esplendor ileso da valsa vienense à nostalgia afetada de tempos definitivamente extintos, se vemos os republicanos mais convictos dançarem a "Valsa do Imperador"? Que mágico sortilégio se exala da "Pavana para uma infanta defunta", de Maurice Ravel? Deveremos rebaixar o saboroso dinamismo do *shake* e do *jerk*, qualificando-os como excitação sensual ou loucura juvenil? Em todo o caso, a indiscutível erotização do baile deixa por explicar a necessidade fundamental desta forma vital de expressão.

A dança, como o jogo, tem origem religiosa, e o sexual intervém nela como introdução ao mistério da vida. Uma sexualidade que ainda precisa da dança conserva a dignidade humana; e a sua desmitificação levaria indefectivelmente à alienação, no sentido mais próprio da palavra.

Há em muitas religiões sacerdotes que ainda dançam nos seus serviços divinos ou idolátricos. Nas culturas cristãs, perdeu-se quase por completo a consciência da origem religiosa da dança: mas, quem ainda de todo em todo não caiu na armadilha racionalista, consegue reconhecer o cunho de dança da liturgia católica, não só nas suas procissões, como também nos seus gestos, na sua poesia e na sua música (não será, no fundo, a música, toda ela, música de baile?).

Não dançou Francisco de Assis no monte das suas visões e estigmas, enquanto tocava um violino impossível, improvisado com dois ramos de árvore? Não dançou a extática Teresa de Jesus em pleno claustro, perante a atônita grei das suas freirinhas contemplativas? Não dançam ainda os meninos de coro junto ao altar de Deus, debaixo das severas ogivas da catedral de Sevilha? Não seria quase atmosfera de dança sagrada a da basílica de São Pedro, quando todos os bispos do mundo inclinavam a cabeça mitrada à passagem do Pontífice e aplaudiam as solenes declarações do último Concílio? E os aplausos do entusiasmo humano não são porventura princípio de uma dança que, por circunstâncias diversas, não se atreve a levar a cabo a sua própria perfeição?

"O dançarino é uma imagem da vida", disse, na Antiguidade, o filósofo Plotino. E, em nosso tempo, Paul Valéry, o poeta da pureza absoluta, o grande apaixonado da *lucidité*, no seu ensaio *A alma e a dança*, afirma: "A vida é uma mulher que dança e que deixaria de ser mulher se levantasse o tacão acima das nuvens. Assim como nós não podemos atingir o ilimitado, nem acordados nem sonhando, assim também ela, renunciando a converter-se em copo, pássaro, ideia, deve voltar a si mesma... pois reclama-a sempre de novo a terra de que se desprende". Na sua concepção algum tanto estilizada da dança, Valéry vê o corpo num combate festivo com o espírito, tentando imitar a sua onipotência, fazendo por competir com a sua ligeireza e variabilidade.

Na realidade, a dança não é senão uma encarnação dos movimentos do espírito: uma tradução finita da sua infinitude, embora apenas na instantaneidade de um impulso, que se levanta como a chama entre terra e céu, para logo se recolher em si mesmo.

A DANÇA

A íntima unidade do existente humano reclama esta encarnação da alegria que capta e tenta seguir o ritmo do governo divino do universo. O espírito, quanto mais penetra nos segredos da vida, tanto mais sensível e dócil se faz ao passo e compasso de Deus. Por isso, o próprio Jesus Cristo foi denominado por Santo Hipólito o "primeiro dançador da fila"; e os antigos Padres da Igreja, desde São Gregório Nazianzeno até Santo Ambrósio e Santo Agostinho, designavam o cristão como "dançarino real", sem nenhum pejo, porque a dança expressa e exprime o mistério de um caminhar pela terra na presença de Deus.

Não nos teremos remontado em excesso? Os mitos mais antigos, que ainda despedem fulgores da revelação divina primitiva, afirmam que a dança é uma antecipação da exuberância sem ribeiras da vida imortal. Toda a vida deveria ser dançada, plasmada coreograficamente, como uma existência coral cantada ao ritmo da eternidade que nos pulsa no sangue redimido.

A sua plenitude verdadeira só é propriamente acessível no âmbito da vocação cristã, que funda a unidade no homem, entre os homens e com o mundo, no espaço tempo-eternidade-sacramento da Encarnação de Deus Filho. Só chega a dominar a arte da dança da vida aquele que descobriu a interioridade deste mar sem fim da alegria cristã, para aprender a saboreá-la na prosa cotidiana.

Na época da secularização e da dessacralização, quem não gostaria de descobrir a "escondida fonte" deste regozijo total? A tendência para a racionalização e para o coletivismo que hoje demonstra a liturgia, ameaça o recolhimento naquela interioridade de onde nasce a unificação de todo o ser, donde mana cristalina a alegria que, num só abraço, envolve corpo e alma, pessoa e próximo, homem e Deus.

Deve notar-se que a autêntica alegria não é algo modal, não é um invólucro de atitudes, palavras ou ações; é, sim, algo de essencial que, como tudo o que no homem é verdadeiramente espiritual, exige a sua atualização e realização no corpo. No entanto, dado que a amargura e até a ira emergem inevitavelmente na nossa vida, de vez em quando; dado que todos tendemos para o rancor, para o lamento e até para a agressividade; dado que todos um dia murmuramos que "é inútil", que "não vale a pena", que "não tem remédio"..., a nossa alegria organizada e programada converte-se fatalmente em comédia ou em fuga desesperada, degenerando em desamorada ironia, em pândega estúpida ou em sensualidade egoísta.

"Tomamos a alegria pouco a sério", dizia o barão von Hügel. Com efeito, julgamos possuí-la só porque brincamos de bom grado e zombamos de tudo..., mas essas burlas e graçolas são fugazes demais, demasiado sujeitas ao humor do instante, ao vento que sopra, à radiosa atividade atmosférica: sucedâneos da alegria genuína, força vital que se exala do núcleo da pessoa, intrinsecamente superior à algazarra bulhenta, à emoção hemorrágica e às paixões desatadas.

A verdadeira alegria, no coração quieto, é perceptível em qualquer lugar e circunstância, embora habite realmente na mais íntima cela da alma. É a alegria do puro existir criatural, livre da nostalgia do passado e do medo do porvir, recebida a cada instante das mãos do Pai e ao ritmo da sua misteriosa Providência. Isto é, das mãos dAquele que nunca nos dará pedra em vez de pão. A pedra de toque da alegria e da dança autênticas é a sua interioridade. Ouvimo-la cantar dentro de nós quando estamos sozinhos? Notamo-la no fundo do nosso ser, quando da visita que nos tenham feito a dor, o fracasso ou o abandono? Água limpa que tudo impregna e refresca, espírito que em toda parte acha possibilidades de Encarnação, partícipe do próprio Espírito de Deus, que na aurora do primeiro dia do mundo dançava sobre as águas primordiais. Se a ventura que rompe a dançar não possui esta perenidade e estas raízes abismais, corre sempre o risco da hipocrisia, do capricho a desoras, da estolidez e da ligeireza coativamente planificadas, da degradação libidinosa e da fantochada espasmódica.

Em consequência da massificação e tecnificação da vida social moderna, a alegria deforma-se com facilidade e some-se na agitação rumorosa e atordoante, sem íntima textura vital, embora a mascarada se prolongue indefinidamente. Por isso, e a serviço da sinceridade e autenticidade da alegria, o homem atual deveria aprender de novo a saboreá-la no esconderijo da sua alma, no recolhimento sereno de todos os seus sentidos internos e externos, para aí deixá-la respirar e crescer — não por avidez ou mal-entendida discrição, mas porque só aí estão a sua pátria e a sua casa e porque só daí é capaz de alumiar e penetrar toda a existência. Se a alegria floresce no coração profundo, depois será capaz de abrir-se espontaneamente ao sol, de sair "sem ser notada", pé ante pé, modesta e delicada, mas ao mesmo tempo tão poderosa que "move o sol e as demais estrelas".

Com uma unanimidade que deveria fazer estremecer as nossas ideologias separatistas, todos os velhos mestres de moral declaram que o fim e a norma de toda a conduta ética é a felicidade. Fenecem aqui a fúria do *homo faber*, do "homem fabricante", a glorificação da produtividade, bem como a passividade encolhida, a melancolia (pecado contra o preceito de dar culto a Deus) e o aborrecimento..., que conduzem irremediavelmente ao desespero.

A felicidade — não o êxito, nem o esforço, nem qualquer virtude particular — é a medida, o compasso que rege o nosso compromisso diário: a alegria daquele que escuta a música de Deus e procura dançar ao ritmo dEle.

Há uma alegria dos ricos — cultivada, amaneirada, estereotipada, complicada e cara — e uma alegria dos pobres — natural, espontânea, variada —, ambas desprovidas de enfeites que qualquer insignificância é capaz de queimar. Não foi porventura um grande humanista e um grande santo, Thomas More, quem compôs uma "oração para pedir bom humor", na soledade de um calabouço, antecâmara do seu martírio? Vale a pena citá-la:

Dai-me, Senhor, uma boa digestão e alguma coisa que eu possa digerir.
Dai-me saúde do corpo e, com ela, o senso comum necessário para conservá-la o melhor possível.
Dai-me, Senhor, uma alma santa que me mantenha diante dos olhos tudo o que é bom e puro, de maneira que, à vista

do pecado, não se perturbe, antes saiba atinar com o modo de pôr todas as coisas em ordem.

Dai-me uma alma alheia ao tédio, que não conheça resmungos nem suspiros nem lamentos. E não permitais que esta coisa que se chama eu e que sempre tende a dilatar-se, me preocupe demais.

Dai-me, Senhor, senso de humor. Dai-me a graça de compreender uma piada, para conseguir um pouco de felicidade nesta vida e saber dá-la aos outros de presente. Assim seja.

SIMPLICIDADE

Todo o convite à simplicidade tem o sabor virtuoso de fomentar a modéstia e a moderação que condizem com o ser humano consciente de sua criaturalidade. Porém, quando se analisam as circunstâncias pessoais que rodeiam esses apelos, o que não raro se mostra é a hipocrisia e o oportunismo mais crassos que, com o incitamento à circunspecção e à sensatez, não sugerem senão comodismo e fuga perante todas as exigências espirituais e perante todo o amor extremoso.

A falsa simplicidade desenvolve-se no clima do humanismo do nosso rígido *establishment*. Já Thomas Mann tinha estigmatizado a difusa crença segundo a qual "sensatez é a mesma coisa que virtude e fonte de felicidade. Por sensatez é-se virtuoso, faz-se o juramento à bandeira do progresso e estimula-se, à maneira de fidalgos do tempo, a natural evolução das coisas".

Apesar de todas as suas exuberâncias, a nossa época anseia por simplicidade e procura-a apaixonadamente, embora amiúde por meio de movimentos juvenis turbulentos, confusos e violentos. Trata-se de uma simplicidade que às vezes se confunde com o cândido e rousseauniano "retorno à natureza"; outras, com o cultivadíssimo e cético "estar escaldado" do "homem sem qualidades" de R. Musil; outras ainda, com a vadiagem meio picaresca do *Taugenichts*, de Eichendorff, isto é, com a morbidez, o luciferismo e o excentricismo que a verdadeira simplicidade repudia espontaneamente. Por vias ideológicas mais ou menos complicadas, o farisaísmo da simplicidade burguesa redunda num primitivismo borrascoso e sem escrúpulos.

Evidentemente, a simplicidade genuína não é o simplismo grosseiro que pais, educadores e políticos adotam quando, para não passarem por retrógrados, para se tornarem compreensíveis, aceitáveis e amáveis, "vão ao encontro" da juventude e do povo, ocupando-se das suas atitudes mais superficiais e ignorando a seriedade e a complexidade dos problemas do indivíduo e da sociedade. Como aqueles antigos monarcas que, de vez em quando, se deleitavam em passear cobertos de farrapos, mesclando-se com a multidão; ou como esses ditadores que gostam de adornar a própria imagem com sentimentos singelos e costumes caseiros; ou como alguns clérigos ingênuos que, na melhor das intenções, passam as férias a trabalhar numa fábrica, a fim de entrarem na alma e na pele do proletariado.

A todo custo e por motivos muito diversos, queremos "simplificar-nos", mas o resultado forçoso de tanto afinco simplista é quase sempre uma nova complicação, barroca ou romântica, que tudo falseia e confunde. Só a simplicidade genuína se apresenta tal como é e pelo que é: a simplicidade dos grandes espíritos, dos sábios autênticos, dos melhores poetas, dos santos humildes.

Muito haveria que escrever e muito se poderia gracejar à custa da candura incrível que demonstram atualmente não poucos clérigos, que há pouco "descobriram" o valor positivo da sexualidade e agora gostariam de reelaborar a teologia do matrimônio, pedindo emprestada a pseudociência de um Van de Velde, de um Oswald Kolle, de um Alexis Comfort ou até de um Wilhelm Reich e, em revistas de amenidades ou em transmissões radiofônicas e televisivas, ministram infatigavelmente seus arrulhos enjoativos sobre as "excelências do amor humano"... Muito se poderia gracejar, se as confusões a que dão lugar com tais simplificações não trouxessem terríveis consequências.

Esses eclesiásticos iluminados de novo cunho bem que gostariam de converter os antigos papa-missas em flamantes papa-pílulas (anticoncepcionais) para conseguirem *casamentos perfeitos*, graças à simples e mágica virtude de um confeito; e transformariam de bom grado a rançosa obediência cadavérica numa tumoral consciência emancipada, mediante a simples declaração de maioridade de todos os leigos. É claro que foi só mudar as guardas à fechadura: o simplismo do velho clericalismo verte-se agora nos moldes igualmente simplistas de um clero sem ofício, volatizado no ar carismático do "sacerdócio comum dos fiéis", necessitado de amor humano.

Por que será que os clérigos querem que o cristão tenha de "engolir" o que eles decidem?

A simplicidade que cumpre reconquistar não se entende com atitudes de ingênuos ou simplórios, e exclui toda a tolice e toda a sensaboria. Sobrepõe-se a qualquer moleza e a qualquer moléstia artificiosa, ao mesmo tempo que evita toda e qualquer complicação da mente e do coração. Gente com o coração saturado de sentimentos retorcidos, que sofre de complexos arrevesados, que complica todas as questões, que nunca se mostra transparente e que, muito pelo contrário, tudo submete a críticas receosas e pedantes, por não encontrar em parte alguma a suspirada certeza;

cérebros e corações labirínticos que só conhecem rodeios e algaravias, que se exprimem sempre enigmaticamente e por trás de cada insignificância lobrigam problemas desmesurados... devem converter-se, devem reformar-se radicalmente, para chegar à simplicidade da humanidade genuína. Ou, se queremos dizê-lo sem rebuços, à simplicidade dos filhos de Deus.

Uma educação verdadeira consiste em desemaranhar progressivamente todas as complicações psíquicas e espirituais que cercam a personalidade. Isto nada tem a ver com a trivialização cândida dos problemas e das dificuldades humanas, nem com a burguesa mediocridade instalada entre polos incômodos: a verdadeira simplicidade levanta-se sobre a cúspide de uma hierarquia de valores unitária, ordenada, pessoal e comunitária, em que cada coisa, cada situação e cada destino individual recuperam e revelam o seu peso e a sua medida, a sua alegria e a sua dor sem enfeites.

Esta simplicidade participa da simplicidade divina, em que consiste a Infinita Sabedoria. Graças a isso, a simplicidade autêntica não fecha os olhos às asperezas do nosso viver terreno, não entrava nenhum ardente compromisso humano, não foge de nenhum estudo, por fatigante que seja, e não se entrega a nenhum desassossego hamletiano nem à dúvida sistemática daqueles humores neuróticos, que consideram profundo e inteligente tudo o que é complicado e julgam genial e inspirada toda a atitude pirandelliana ou ambígua. A simplicidade é serena e transparente, pois crê firmemente num último fundamento e significado da vida, mesmo nas suas encruzilhadas mais misteriosas.

A simplicidade da atitude, da conduta, da cabeça e do coração é expressão cabal da unidade de vida, que elimina dispersões e distrações de toda espécie. Se o existente humano tem sempre diante dos olhos o significado e a finalidade da sua estrutura fundamental, além de reconhecê-los teoricamente, torna-se capaz de se desprender de uma infinidade de interesses criados artificialmente e consegue unificar todas as suas dimensões vitais: *simplex, quia unus!* — é simples porque é uno. Aí surge a ausência de pretensões em que se estriba a liberdade: não o egotismo, não o espasmódico autodomínio; mas a simplicidade soberana, que se eleva sobre o grande teatro do mundo e sobre a duplicidade do beato, com todas as suas intrigas e complicações. Humanamente falando, uma simplicidade assim ombreia com aquela infância espiritual a que o Deus feito Homem prometeu a entrada no Reino dos Céus.

Daí que a simplicidade desemboque na sinceridade e não se deixe seduzir pelas mentiras dos adultos, antes encare valentemente o mal que a sua própria pureza detecta com infalível pontualidade. Se os discursos teológicos futuristas mostram, não raro, uma íntima afinidade com os mitos mais ingênuos, é pela tremenda falta de sinceridade com que pretendem ocultar a "loucura" e o "escândalo" da Cruz, em prol de uma recém-desenterrada abertura ao mundo; abertura essa que, por outro lado, não logra convencer nenhum ateu sincero e seriamente comprometido.

Foi por esta clara e desarmada simplicidade da genuína sensatez e sabedoria, e contra a vulgaridade de toda a fé num progresso que se submerge na fugacidade mundana, que sempre se alinharam tanto as grandes figuras do cristianismo vivido como os mestres de verdadeira humanidade, desde Lao Tsé até Rainer Maria Rilke, que certa vez escreveu:

> *Eles dizem: meu*
> *a todas as coisas pacientes.*
> *São como o vento que açoita os ramos*
> *e diz: minha árvore.*
> *Não percebem que arde*
> *tudo o que tocam com as mãos.*

A simplicidade sincera, unívoca e realista pode fazer suas as palavras do pensador dinamarquês Jensen: "Nenhum Moloch tiranizou tanto as almas escravas como a moderna palavra *progresso*; mesmo os anglo-saxões, a quem se deve o conceito de *common sense*, dobram-se de maneira submissa ao chicote, porque se prefere andar nu pela rua a passar por tolo, como o famoso rei da fábula".

A simplicidade genuína é a verdade. A falsa simplicidade produz apenas confusão. E, como dizia o velho Bacon, "a verdade sai mais depressa do erro que da confusão". Daí que a verdade, na nossa época, demore tanto a abrir caminho.

DECISÃO

Os homens decididos sempre foram admirados, pois a capacidade de tomar decisões num mundo problemático como o nosso demonstra um invejável sentido da vida, é como que uma frutífera concordância com o ritmo do cosmos. Em contrapartida, a indecisão traz a sensação imediata de escasso realismo, de estreiteza de coração, de estrangulamento existencial, de aborto de inúmeras possibilidades de desenvolvimento.

Ao falar de decisão, não nos referimos a uma qualidade psíquica mais ou menos importante na configuração do caráter, mas a um ato criador; e toda a criação propriamente dita se subtrai à compreensão psicológica. As motivações que dão lugar a uma decisão entretecem-se numa trama inextricável: a inteligência, a experiência, as vivências, os sentimentos e as paixões — tudo intervém aqui simultaneamente.

Os "raciocinadores", dotados de capacidade intelectual refinada, enredam-se amiúde nas redes dos "prós" e dos "contras", asfixiando-se em perplexidades: é a tragédia de Hamlet, modelo de todo o filosofar, segundo alguns pensadores, entre eles Karl Jaspers. Esses homens sutis não conseguem, no entanto, convencer, pois acusam — como os escrupulosos — certo medo da vida real, solapado, mas que se intui perfeitamente.

São indivíduos que sempre atrasam as suas decisões, pois a necessidade que têm de segurança e de evitar todos os riscos é excessiva e paralisante; deixam longo tempo sem resposta as cartas recebidas; só raramente ou tarde demais compram coisas convenientes e até indispensáveis; perdem ocasiões vantajosas de fazer negócios; vacilam diante de uma declaração de amor... e tudo com pretexto de que não refletiram suficientemente sobre o caso. Uma racionalidade minuciosa, unida a uma exigência egocêntrica de exatidão, provoca-lhes um medo pânico em face do irracional, em face de toda a exceção à regra, em face de todo fracasso eventual.

É aqui que aparece o chamado "espírito" como algo de contraposto à vida. A polivalência esplêndida da reflexão não devia, sem mais, enganar-nos, pois esses astutíssimos prestidigitadores do pensamento escondem em muitos casos uma notável pobreza espiritual, uma insuficiência anímica lamentável, uma atitude de fundo apegadíssima à fascinação mágica de inumeráveis *aut-aut*[1]. São pessoas que erram incessantemente pelos labirintos da sua cerração espasmódica, afastadas da corrente tumultuosa da vida, que não se atrevem a andar em campo aberto nem logram nunca "dar músculos ao seu espírito" (Mounier). Rejeitam, numa palavra, a lei vital da encarnação.

Crianças que foram educadas com excessiva dureza ou com excessiva brandura sofrerão mais tarde de inibição; as feridas infligidas ao núcleo da sua vitalidade hão de sangrar por muito tempo e enviar coágulos de embaraço à torrente circulatória da sua personalidade, obstando o livre fluxo da sua inserção no mundo e na história. Nem a

---

1   As conjunções latinas *aut-aut* (ou... ou) servem para exprimir uma oposição mutuamente exclusiva, e não apenas duas possibilidades diferentes.

persuasão, nem o conselho, nem a cultura os conseguem abrir para a vida. É preciso lançá-los à ação, fazê-los arcar com o risco de decisões concretas, superar sem desânimo as prováveis frustrações e conquistar pouco a pouco a paciência e a compreensão que pressupõe a repetição infatigável de tentativas sem fim. Uma boa educação fomenta tanto as decisões criadoras como a reflexão, a liberdade tanto como a responsabilidade, a paixão e o juízo perfeitamente desposados e mutuamente fecundantes.

Por outro lado, a decisão anda intimamente unida ao espírito de sacrifício, pois toda escolha pressupõe renúncia. De-cisão é sempre res-cisão. Aquele que quer chegar a "tudo" e "para já" ou fica paralisado, sobre-estando na decisão, ou explode — como o *Calígula* de Camus — em ações absurdas, que o introduzem no mundo sem Deus de Ivan Karamázov, em que "tudo é permitido" e em que, precisamente por isso, uma pessoa se mexe irrefletidamente e sem repouso.

Quem escolhe um caminho renuncia a todos os outros. A ação é essencialmente sacrifício, diz Blondel. Por essa razão, o fanático cobiçoso treme diante de qualquer decisão, embora hoje em dia semelhante incapacidade se disfarce de "empenho existencial" e se cinja com a auréola romântica das atividades "espontâneas", "imotivadas", "originais", "puras" e "sem sentido".

Os jogos surrealistas de Salvador Dalí, a cosmovisão e a estética de André Gide, os heróis e anti-heróis de Jean-Paul Sartre, enquanto desencadeamento do irracional, têm hoje continuação nos *happenings* americanos dos anos cinquenta, e nos *concerts* do *underground theater* nova-iorquino, em que dança, música e cinema, desenvolvendo-se simultânea e independentemente — não espontaneamente —, fazem por representar a liberdade sem fronteiras do existente absurdo, pois, como declara Elaine Summers, a fundadora do movimento, "a vida, enquanto tal, é um *happening*".

A adoração da "abertura sem empenho", da absoluta "disponibilidade" das ações humanas, consideradas como cumprimento consumado da vitalidade sem nenhum vínculo, tem dado já os frutos mais variados: desde o triunfo do informal nas chamadas "obras de arte abertas" até a floração da anarquia juvenil e do próprio homicídio, enquanto retaliação de um individualismo absolutilizado e sem lei. O *Orestes* de Sartre, "livre de todo o espírito de fé e de serviço, sem família, sem pátria, sem religião e sem profissão, aberto a todos os compromissos possíveis e plenamente convencido de que uma pessoa nunca deve comprometer-se", precipita-se fatalmente no crime, na idolatria antissocial do próprio eu.

A indecisão declarada é sempre uma ameaça, um perigo grave para a vida comunitária, independentemente de que esses seres "flutuantes" atuem no meio da massa ou ocupem nela postos de direção. Os dirigentes que suspendem ou adiam decisões, que deixam problemas públicos por resolver ou que, quando muito, andam com panos quentes a emperrar questões vitais, oneram-se com grave responsabilidade, pois semeiam conclusões fadadas a empeçonhar a sociedade que, muito pelo contrário, deveriam avivar.

No polo contrário, os impulsivos ou "arrojadiços", como diria Unamuno, demonstram uma capacidade de decisão inautêntica. O "faço o que gosto" acarreta grosseria, imprecisão e desamor. A embriaguez da ação revela muitas vezes aquela estreiteza de consciência e aquele enfermiço espasmo da vida afetiva que não sabem esperar e se refugiam na decisão precipitada: os atos desenfreiam-se desordenadamente e dispersam-se no imediatismo do passageiro, do secundário, embriagados pela ânsia agressiva de êxito e de reconhecimento.

Esta "fuga na decisão" (Bòllnow) disfarça-se frequentemente de "firmeza de caráter", mas na realidade não é senão fraqueza, irritabilidade mórbida, impaciência, angústia da expectativa, sugestionabilidade: peculiaridades de muitos revolucionários, assim como de muitos maníacos e epiléticos, fundadores de toda espécie de ditaduras, em cujo regime a mitificada resolução do grande chefe se alia à obediência cega da maioria.

As personalidades tímidas, vacilantes, inseguras, suspiram sempre por ditadores, ainda que sob a modesta aparência de um conselheiro. "Que devo fazer?", perguntam monotonamente, com a esperança de que lhes deem uma receita que as livre de qualquer decisão pessoal. Amiúde, a pergunta "Que devo fazer?" significa: "Não quero decidir", "não quero me arriscar", "a ação receitada livrar-me-á da minha insuportável responsabilidade". O conselheiro prudente e bem orientado não se deixa seduzir pela compaixão que prescreve "ações" e "condutas", antes se limita a ajudar o perplexo a reconhecer o seu verdadeiro problema, deixando-lhe a responsabilidade de tomar as decisões por si. Os que perguntam "Que devo fazer?" manifestam não terem entendido ainda o problema que têm entre as mãos (Watts).

Esse problema coincide atualmente quase sempre com o da liberdade, entendida como "disponibilidade", no sentido de carência de qualquer vínculo. Todavia, a disponibilidade, em sentido humano e cristão, não significa vazio afetivo e intelectual, mas sim disposição para o dom de si. Há um abismo insuperável entre o conceito de *disponibilité*, em Marcel e o homônimo de Sartre.

Na disponibilidade genuína, a decisão desposa a confiança; a valentia da ação desposa a paciência, que sabe que em muitas situações a felicidade e a libertação podem tão somente ser esperados como se espera uma dádiva, e que certos nós existenciais é preciso desatá-los com vagar, ao invés de cortá-los violentamente com a espada da decisão apressurada. A verdadeira disponibilidade supera o egocentrismo dos ativistas e abre-se às aspirações justas dos outros: é assim que se atinge a agilidade que torna possível o compromisso decidido. "Não ser disponível significa estar ocupado consigo mesmo" (G. Marcel).

Esta disponibilidade sempre pronta para a decisão é observada naquelas pessoas que acreditam num fundamento último da existência humana. É a fé, com efeito, a mais arriscada de todas as decisões, porque nos vai nela a vida e a morte. E, dado que quem tenha tomado a forte decisão da fé caminha esperançado, pode-se considerar esta última virtude como a raiz mais profunda das decisões cotidianas.

O psiquiatra M. Boss escreve: "Toda a angústia é sempre angústia em face da morte"; da morte que alguns definem como decisão final e definitiva. Marcel exprime-se simetricamente quando afirma: "Toda esperança é esperança na ressurreição". A superação da angústia paralisadora por meio da esperança representa, sob este ponto de vista, o único estímulo da capacidade de decisão, no quadro de relatividade e temporalidade da nossa existência terrena.

VALENTIA

Arrostar com a realidade é o primeiro ato de valentia, e a aceitação dinâmica da realidade, a sua primeira exigência. Quando a criança sai da casca do "pensamento mágico" para fazer face à realidade com o instrumento racional, está já emotivamente embalada pela valentia ou pelo medo. O assombro, que em seus primeiros anos experimentou perante o mundo, era estimulante e perfeitamente natural. O medo, em contrapartida, nunca é espontâneo na criança, mas induzido, fruto de influências adicionais desalentadoras. O seu aparecimento produz a flexão vital, o ensimesmamento, a fuga que o sentimento de inferioridade arrasta em direção ao egocentrismo.

A passagem do assombro vivificante para a insegurança mórbida verifica-se como consequência de educações errôneas, de situações familiares carregadas de ansiedade ou, simplesmente, de desamor conjugal, constituindo a base conflituosa das chamadas "crianças difíceis", das futuras personalidades neuróticas atoladas em sua carreira rumo à realidade.

Estas crianças amedrontadas, quando se virem mais tarde constrangidas a enfrentar o mundo, já sem o recurso e o apoio dos pais — originários mediadores da realidade —, desanimarão rapidamente para tentarem as mais diversas evasões. A "criança difícil" não é senão um fugitivo desalentadíssimo; e as neuroses que no futuro a vierem mortificar hão de refletir a sua tentativa aflita de situar-se fora da realidade, a sua inconsciente rebeldia perante a vida, a sua rejeição angustiante da abertura do eu, por medo dos riscos que esta traz consigo.

Qualquer educação desidiosa, demasiado terna ou demasiado rígida, provoca a retração do ser infantil e prepara a fuga à realidade: ora para baixo — refúgio na corporalidade, na debilidade física, na doença: base psicológica da reação histérica; ora para cima — refúgio no sonho excitante e embriagante: base psicológica da mitomania; ora em direção à segurança absoluta e, por isso, irreal: base dos escrúpulos e de outros tipos de obsessão; ora em direção à pura irrealidade — refúgio na ruptura cortante com o mundo: autismo patológico, que amiúde desemboca na esquizofrenia.

A valentia verdadeira não é cega e consiste acima de tudo naquele *sapere aude* (ousa saber) dos antigos, que traz consigo a aceitação do risco de sair de si mesmo, da perda do mundo próprio — mágico, egocêntrico — para abrir-se sem reservas ao mundo real, à criação divina.

A imaginação, tão frequentemente acusada e desprezada, não ameaça de maneira alguma o encontro vivo com a realidade; pelo contrário, a sua férvida ajuda facilita a eclosão do autêntico realismo. "A imaginação tem descoberto mais coisas que a vista" (Joubert): sem as esporas da fantasia, nem Colombo teria descoberto as Américas, nem Max Planck teria inaugurado a físico-matemática moderna.

A coragem elementar está intimamente relacionada com o sentimento do real, ou, como diziam os escolásticos, com a virtude da prudência, que não é timidez nem prevenção, mas "conhecimento diretivo", aceitação em que o saber é o sabor das coisas, compreensíveis ou indecifráveis. Sábio é aquele *cui sapiunt omnia*, aquele a quem todas as coisas sabem ao que realmente são.

A virtude da fortaleza, embora muitos não o suspeitem, procede da prudência, daquela cordura que assume o risco de superar preconceitos e lugares-comuns preguiçosos e anestésicos: entre eles, o da saúde corporal como primeiro bem e o da paz a qualquer preço. Há situações humanas, sociais e políticas sob o signo da tirania, em que a pessoa é despojada daquele bem graças ao qual é pessoa: a liberdade. A sensatez sugere, nesses casos, que vale a pena perder uma paz de cemitério para derrubar o tirano; não o fazer ou chegar até a apoiá-lo *pro bono pacis* — em favor do bem da paz — é decerto covardia, ainda que coberta com o manto de uma moralidade irrepreensível.

As pseudovalentias nascem quase sempre dos lugares--comuns, dos impulsos mais ou menos vistosamente disfarçados, do instinto de agressão. Os empreendimentos brilhantes, que não raro a valentia verdadeira leva a cabo, deram a esta virtude uma auréola popular de tipo heroico. Em contrapartida, a prudência, a temperança, a humildade raramente alcançam o favor da populaça. Quem não admira os valentes? Quem alguma vez não sonhou chegar a ser herói fortíssimo e invencível? A natureza inteira põe-se em pé diante do ato corajoso, para aplaudir com entusiasmo a vitalidade explosiva, o triunfo do *eu* sobre as forças obscuras que o ameaçam, a fuga esplêndida à monotonia e à mediocridade da vida diária.

Por isso se confunde em muitos casos a autêntica coragem com a exibição de força física, a serva mais rasteira da verdade, cujas prestações, necessárias em certas ocasiões de emergência tornam-se amiúde contraproducentes, pois a boa vontade que eventualmente a promove e os ritos cavalheirescos com que se enfeita não logram encobrir a sua vulgaridade inata. A vitória violenta do vigor muscular não diz nada sobre o seu valor efetivo, embora tenha a vantagem do que é verificável, mensurável e indiscutível. Da sua fôrma estritamente materialista surgem as durezas sem inteligência, as fanfarronadas grosseiras, as casmurrices de mula, os automatismos dopados.

Ninguém o diria, mas, do fundo desse grande retábulo de cartão pintado da energia voluntarista, levanta-se a seriedade filosófica de Kant, o "Tartarin de Koenigsberg", como lhe chamava Antonio Machado. O seu hino à vontade foi tão vibrante que arrastou a aclamação de um sem--número de educadores expeditos; e deu rédea solta a uma imprevista proliferação de psiquismos rígidos, de caracteres com princípios irremovíveis, dispostos a retorcer qualquer realidade, contanto que lograssem impor-se, e incapazes de captar a variabilidade do vivo, os claros-escuros do verdadeiro, as peculiaridades do individual e o recôndito humor da história.

Surgiram assim gerações de voluntaristas paranoicos, ansiosos por afirmar o seu próprio *eu* à força de esquemas ingênuos, orgulhosos da sua marcha impassível, ataviados de gravidade moral, adoradores primitivos do esforço.

Mas a vontade humana não é uma faculdade soberana que se possa isolar; o seu ato arrasta todo o homem; e, mais do que no esforço, consiste na decisão, no arrojo generoso, na abertura do dom de si. O esforço é a sua dimensão mais carnal, vinculada aos estratos vitais menos livres e que, precisamente por isso, só recebe o seu valor da causa a que serve. "A essência da virtude está no bem, mais do que na dificuldade superada. E a grandeza de uma virtude mede-se pelo bem, não pelo esforço realizado".

O risco assumido pela valentia só é humano e valioso em função da pessoa ou da verdade a que se dedica. O homem intrépido e forte expõe-se consciente e livremente ao perigo, até ao perigo da morte, mas a serviço de valores superiores; terá de ser razoável, se quiser ser valente; terá de ser prudente, no sentido genuíno da palavra, se quiser ser forte. A estupidez nunca é virtuosa; e é estúpido, por exemplo, arriscar a vida por uma honraria tola. É a causa que faz o mártir, não a pena sofrida enquanto tal. A coragem que não defende o amor e a justiça é falsa; assim como a inteligência que não reconhece os próprios limites, por não abraçar a humildade, converte-se na força mais devastadora que possa existir.

Há alguns anos, fazia-se na Itália uma distinção entre os cantores "melódicos" e os *urlatori* (urradores). Em filosofia e na espiritualidade, poderia fazer-se uma distinção análoga. Tanto uns como outros têm um pouco de verdade estilística, mas todos se expõem a cair no retórico; a melosidade decadente, no primeiro caso; a convulsão barroca, no segundo. Como reação contra a imagem nietzscheana do cristianismo "microcéfalo", "pobre homem" e "ressentido", tiveram em certa época uma função histórica peculiar determinados *urlatori* da espiritualidade: Bloy, Giuliotti, Papini..., cada um com a sua voz própria, com maior ou menor rigor teológico, mas sempre com idêntica fúria reativa. Embora a sua música tivesse chegado até a ser bonita, vez ou outra, o caso é que fomentou certo "catolicismo de tropel", que degenerou em não poucos erros.

A fé, que torna intrépido o homem justo, não tem nada que ver com as bravatas do valentão de bairro, nem com o "morrer matando" dos desesperados. Da mensagem do Evangelho tomou-se amiúde unicamente a voz dos *filhos do trovão*, que, na frase do próprio Jesus Cristo, "não sabeis de que espírito sois animados" (Lc 9, 55). A alguns elementos da "nova geração" de então, pareceu-lhes que deviam oferecer à Igreja militante um "regimento de ferro". Para eles, a Igreja militante era um contingente de feros combatentes, pelo menos de "rudes desportistas", de "escritores iracundos", de "políticos intransigentes" que, ao mesmo tempo, deviam ostentar em face do mundo a sua integérrima piedade religiosa.

Um vendaval quase pelagiano arrebatou os modernos "ativistas" pré-conciliares da Igreja-baluarte que, apesar de todo o seu contraste com os pós-conciliares antitriunfalistas e com os violentos filhos da "Igreja dos pobres", tinham em comum com eles o esquecerem aquela verdade cristã fundamental, segundo a qual não se deve levantar contra o *mysterium iniquitatis* a ridícula espada de Pedro no Horto das Oliveiras, mas apenas o *mysterium crucis*, o mistério da cruz: *Ave Crux, spes unica!*

Os primeiros cristãos não se exercitavam nas catacumbas, nem receberam os perseguidores a pedradas... A sua fortaleza era de ordem muito superior. Bem sabemos que os cortadores de orelhas acabam amiúde no pátio das negações, encurralados por uma criada qualquer.

A valentia cristã, fundada na cruz, contando com a cruz, resiste na mente, no coração e nos sentidos à invasão petulante da mundanidade ávida de satisfações imediatas; conserva-se sobrenatural no meio do naturalismo; equânime, entre toda a casta de tentações extremistas, sem cair jamais na mediocridade dos que não querem "sujar as mãos". O cristão audaz mete-se na aventura da cidade terrena com ardente participação de todo o seu ser, mas não cede a nenhum alvoroço do sangue, a nenhum automatismo nervoso, ainda que se disfarcem de zelo.

Entrelaçam-se nele o empenho e uma infinita capacidade de espera; esposam-se nele sem dramatismos a humildade e a bravura. Arrisca tudo pela sua fé e, ao mesmo tempo, sabe jungir-se ao jugo da relatividade de todas as contexturas e tarefas temporais. Tem a ousadia de assimilar e declarar a verdade, de exumar os "retalhos de verdade" espalhados pelo mundo ideológico para os integrar na grande Verdade, que não é uma ideia, mas uma Pessoa: Cristo. É a intrepidez da Encarnação, no tempo, da verdade e do bem essencialmente ultratemporais.

A valentia, por conseguinte, está mais na resistência do que na agressividade, o que não implica passividade alguma, mas precisamente aquela suprema atividade espiritual do *fortissime inhaerere bono* — do aderir ao bem com toda a força — de que fala Tomás de Aquino, intimamente relacionada com a perseverança, a paciência, a alegria e a confiança dos filhos de Deus. Neste sentido, e nas condições culturais e sociais de hoje, pode-se dizer que a mulher surge amiúde mais forte do que o homem, pois em geral digere melhor a complexidade do real.

Apesar de tudo, nenhum espírito sensível deve ofender-se se concluímos afirmando que toda a valentia autêntica, "masculina" ou "feminina", exige uma boa dose de agressividade. Vemo-la irromper na biografia de todos os grandes homens, nomeadamente dos santos; e o próprio Cordeiro de Deus, que se deixou conduzir indefeso ao matadouro, na expressão de Isaías, fez estralejar o látego sobre o dorso dos mercadores da sua Casa. E Francisco de Assis, o dulcíssimo jogral de Deus, domou o lobo, mas não o transformou em ovelha. Porque o ímpeto instintivo não deve ser asfixiado nem pela disciplina externa nem pela autodisciplina, mas assimilado e acolhido nas zonas superiores da personalidade. A verdadeira educação põe-lhe freio, mas não o suprime; e, assim, aquilo a que chamamos instinto converte-se numa força humana insubstituível.

Por isso, o Doutor Angélico — São Tomás de Aquino — se atreveu a sentenciar que a virtude da fortaleza, "no seu ato, assume a ira"; quer dizer, como escreveria sete séculos mais tarde E. Mounier, no seu *Tratado do caráter*: "Cumpre tornar os homens retos e fortes, para que, na sua humanidade íntegra, possam enxertar-se adequadamente aqueles altos destinos de renúncia" que o amor a Deus e ao próximo levantam incessantemente.

A ALEGRIA

Já nos umbrais do Ano Novo alguém me diz ao ouvido: "Cuidado com as pessoas sérias! Fie-se só dos tipos alegres!" A alegria, com efeito, garante a afirmação autêntica da vida, mesmo em circunstâncias graves, e aquele que, com o pretexto da seriedade do nosso destino, elimina a alegria dos seus dias úteis, é suspeito de heresia vital, mais ou menos consciente.

Os espíritos nobres mostram-se de vez em quando entristecidos ou coléricos, mas nunca sérios. A seriedade, no sentido de sisudez, é espasmo, tensão interior; amiúde, receio; quase sempre, encerramento do *eu* em si mesmo.

Por trás da tristeza passageira ou da borrasca da ira, pode conservar-se ainda a alegria do espírito; por trás da seriedade, oculta-se sempre o desassossego da sujeição ao tempo: é hieratismo antivital.

Mas a seriedade tem prestígio na nossa sociedade febril, e a alegria tem a fama de fuga à realidade desventurada e cinzenta. A seriedade é honrada como premissa da laboriosidade, mas de fato só trabalha o homem alegre, exato e infatigável. Não posso escrever sequer uma linha se não me regozijo. "Meu filho, não frequentes as pessoas sérias, que quem não diz nunca um desatino é tolo dos pés à cabeça" (Unamuno).

A alegria, entendida como anestésico, transformou-se em mercadoria. A nossa cultura industrial produz calculadamente um certo tipo de alegria, que do mesmo modo se consome conforme um plano perfeitamente elaborado. Por volta do Natal e do Ano Novo, vemos massas de crentes e descrentes, de comunistas e de liberais, desejando-se mutuamente *Boas Festas*, a modo de participação universal no maior negócio do ano.

Uma alegria artificial e pré-fabricada invade-nos por toda parte, com formato e apresentação variadíssimos, necessariamente renovados para derrotar a concorrência, e cuja característica mais palmar é precisamente a extrema caducidade. Nesta civilização de consumo, o indivíduo vê--se obrigado a saltar de um prazer para outro e a suportar prolongadas pausas de tensão e de descontentamento. Uma alegria tão instável põe em relevo a sua raiz egocêntrica, e os filhos do nosso tempo, manipulados e planificados, precipitam-se sem cessar no beco sem saída do narcisismo mais desolado.

Mas, a par deste fato, impõe-se notar que os homens vendidos ao seu próprio "eu" — isto é, aos seus caprichos, projetos e opiniões — só se instalam com muita dificuldade numa alegria estável, porquanto as exigências da vida diária, das situações imprevistas, das tarefas e deveres do próximo em geral, lhes destroem implacavelmente as alegrias egotistas. A cultura industrial conta com isso para lograr sobreviver: um círculo vicioso asfixiante.

A genuína alegria de viver é essencialmente uma alegria de sempre, inalterável, sem quebras nem lacunas, e pressupõe uma ilimitada abertura do coração e da mente que, além de ser capaz de acolher de bom grado tudo o que sucede, provoca um dinamismo interior que arreda toda a rigidez intelectual, toda a indolência e toda a dilação do querer e do agir.

A alegria de sempre não consiste na posse de coisas, poderes ou prazeres; não floresce sobre terreno conquistado, garantido e firme, mas sobre a sementeira da disponibilidade, da serviçalidade sempre pronta, sobre aquele oferecer-se existencial que é peculiar a todo o amoroso estar-no-mundo.

Alegria significa prontidão, disposição para meter ombros, elasticidade, docilidade, agilidade, entusiasmo a serviço da vida. A nossa inércia, a nossa viscosidade, os nossos apegos, a nossa necessidade de seguros e certezas, a nossa falta de audácia revelam a artificiosidade e a imperfeição da nossa alegria, excessivamente vinculada ao tempo e às circunstâncias, demasiado pouco livre.

Quem descobriu a alegria de sempre sabe responder à chamada de qualquer exigência inesperada, sabe comprometer prontamente corpo e alma, porque não se acorrentou a nenhuma atividade indispensável, a nenhuma opinião estabelecida, a nenhuma circunstância local ou temporária.

A melancolia, a suspicácia e o ruminar egocêntrico são viscosos, morosos, dubitativos; a frivolidade, a sensualidade e a mandriice são preguiçosas, telhudas, volúveis; o orgulho, a presunção e a vaidade são, é claro, diligentes e até consideravelmente eficazes..., mas só em mão única; são cegos ou surdos às necessidades, pontos de vista e solicitações do próximo. Só a pura abertura ao mundo, a existência vivida como dedicação, deixa brotar aquela alegria inexausta que permite e fomenta o compromisso pontual e preciso na direção do amor.

Esta alegria que nos presenteia com a vitalidade mais alta dilata-se no âmbito da fé pela graça do momento fugidio, quer dizer, em virtude dos dons, das capacidades e possibilidades existenciais que cada situação concreta traz no seu seio, mesmo quando o humor e os sentidos, a inteligência e a vontade vacilam, escaldados pela experiência do mal.

A fé na graça do momento fugidio liberta-nos do lastro do passado, que nunca deveria deixar cicatrizes indeléveis. O passado pode humilhar-nos, mas nunca nos deve amedrontar. O que se viveu, assim como o que se herdou, certamente nos condiciona; mas não nos determina o pensamento nem a conduta. Os antropólogos e os psicólogos sabem perfeitamente que não nos é dado descobrir o que quer que seja de puramente animal em nenhum dos refolhos do homem; e que a chamada esfera instintiva contém já um germe de liberdade. O neurótico manifesta a sua falta de liberdade na vinculação ao passado, num fatalismo esmagador. A alegria que se dilata, apoiando-se na graça do momento fugidio, é, por isso, saúde e liberdade: celebra a reconciliação do homem consigo mesmo e com o mundo, sem hieratismos nem restrições.

Segundo o pensamento cristão, a alegria é mais do que uma virtude: é condição de todas as virtudes. E não é de admirar que seja o místico teólogo de Aquino a afirmá-lo, acrescentando que "a alegria aperfeiçoa o ato virtuoso, já que se presta mais atenção e mais zelo aos atos realizados com alegria".

Esperança sem alegria é desprezo e não elevação das realidades temporais; sem alegria a laboriosidade é cobiça, em vez de serviço à humanidade que progride; a castidade, sem alegria, é repressão pusilânime, e não devotamento amoroso; sem alegria, a obediência é espírito servil, e não fé adulta e simultaneamente infantil; e, sem alegria, o amor é anseio possessivo, em vez de ser dom de si. "O asceta triste transforma em paixão a sua luta contra as paixões" (Orígenes), e "faz o mal tão somente" (*Pastor de Hermas*, escrito dos primeiros séculos do cristianismo); porque, em primeiro lugar, perturba a ação do Espírito Santo, que só se dá ao homem sorridente; e, em segundo lugar, porque não reza nem pode adorar a Deus, e isso é um delito. A oração do homem triste não tem força para se erguer até o altar de Deus, pois a melancolia aperta-lhe o coração e, mesclando-se com a prece, entrava-lhe a ascensão ao trono do Altíssimo.

Não há "santos tristes", pois tais santos, segundo o dito proverbial de São Francisco de Sales, seriam "tristes santos". O conceito em que todos os santos tiveram a alegria funda-se na declaração de Jesus Cristo: "Disse-vos essas coisas para que a minha alegria esteja em vós, e a vossa alegria seja completa" (Jo 15, 11). Tinha razão Bernanos ao colocar na boca de um dos seus personagens mais bem concebidos as seguintes palavras: "O contrário de um povo cristão é um povo triste".

A alegria tem, portanto, origem divina, marca a criação inteira e revela a confiança no acabamento de todo o universo. Toca o núcleo central do destino de todas as criaturas, cuja carreira terrestre corre consoante um desígnio divino para um verdadeiro *happy end*, para uma *eudaimoniké teletá*, uma meta feliz, como rezava uma antiga sentença dos ritos de mistérios. E este olhar fito na Eternidade é precisamente o que torna possível a alegria do instante, pois o instante reflete e espelha melhor o eterno do que qualquer prolongamento passageiro.

Quem aceita a sua criaturalidade e, com ela, o posto que lhe cabe no tempo e no mundo, encontra espontaneamente a alegria, tal como sucede às próprias coisas, no dizer dos esplêndidos versos do poeta Baruch: *Brilharam em suas estâncias as estrelas e alegraram-se; chamou por elas Deus e responderam: "Aqui estamos!". E deram luz com alegria Àquele que as fez.*

Assim, faz-se simplesmente o que se deve fazer, e ainda que não seja senão varrer ruas, cumpre-se a incumbência com tal fidelidade e exatidão que se é mais feliz que um rei ou um poeta na apoteose da sua glória. "Se um rei ou um poeta fazem bem o seu trabalho, também são felizes, mas a sua alegria será como a do mais simples e humilde trabalhador: modesta, se bem que real e humana" (de Luca). A alegria existe precisamente porque *todos* podem possuí-la. Tem uma ascendência divina, como a própria existência.

Quem, pelo contrário, volta as costas à sua criaturalidade — está nisso a raiz de todos os pecados — alimenta-se de alegrias-mercadorias; mas, diante das questões fundamentais da vida e das tarefas de cada dia, a sua alma enregela-se de tristeza e de abulia.

Com Nestroy, o cintilante comediógrafo austríaco, pode-se infelizmente afirmar que "quem conhece os homens, conhece os vegetais, pois bem poucas são as pessoas que vivem e muitas, muitíssimas, as que somente vegetam". E isto não vale apenas para os escravos da nossa sociedade industrial; vale também para os que lhe manejam o timão, pois, dizendo-o ainda com palavras do mesmo autor, "os milionários, pelo que pude averiguar, graças à paixão que têm de aumentar os lucros, arrastam uma vida de negócios tão insossa e tão árida que sequer merece o flórido nome de vegetação". A rebeldia contra a criaturalidade é rebeldia contra a realidade e, por conseguinte, exclusão da alegria de viver. Isto também por outro motivo: a seriedade, sentida ou fingida, afasta da comunidade.

Disse certa vez um conhecido político espanhol que "todos os homens nascem trazendo no corpo a mesma vontade de brincar; mas, ao passo que alguns a tiram para fora em ocasiões de jovialidade, leves e calmas, outros a conservam lá dentro, e apesar de todos os seus esforços escapa-lhes em coisas que, em si, são muito sérias. Desses, é preciso ter medo e fugir". "Louvado seja o riso, que nos apeia do estribo! Aquele senhor faz por se dar importância: vai junto de nós a cavalo... Mas, de repente, desata a rir e desce da cavalgadura. Agora, sim, vai a pé, dignamente, conosco, até o fim do caminho" (Eugênio d'Ors).

Só a aceitação rendida da nossa realidade, com todas as suas limitações e imperfeições, permite o nascimento daquela alegria de sempre, cuja espiritualidade se encarna no rosto e se abre no sorriso. O sorriso atesta que a alegria lançou raízes no cerne espiritual da pessoa. *O coração alegre faz sorrir a cara*, diz o livro dos Provérbios (15, 13); e, como o corpo pertence à abertura do ser, o sorriso dá lugar à alegria coletiva.

Uma alegria que não sai da alma é tão inautêntica que não logra contaminar os outros. "Dizes que encontraste a alegria? Talvez tenhas encontrado a *tua* alegria; e isso é muito diferente. Sim, a alegria pode ser pessoal, pertencer ao indivíduo: que ele está alegre, está, mas está sozinho, solitário. E não se lhe dá nada dessa solidão: passa através das batalhas com uma rosa na mão... Mas se a miséria nos rodeia e a dor dos humanos nos persegue, não podemos acalmar-nos dizendo uns aos outros que somos felizes, geniais ou bonitos. A minha alegria só persistirá se for alegria de todos. Não, eu não quero passar através das batalhas com uma rosa na mão" (Giono).

Direção geral
Renata Ferlin Sugai

Direção editorial
Hugo Langone

Produção editorial
Gabriela Haeitmann
Juliana Amato
Ronaldo Vasconcelos

Capa
Gabriela Haeitmann

Diagramação
Sérgio Ramalho

ESTE LIVRO ACABOU DE SE IMPRIMIR
A 28 DE JANEIRO DE 2023,
EM PAPEL PÓLEN BOLD 90 g/m².